中国科学院发展规划局项目"深化科研院所改革和创新发展的战略和政策研究"（E2X1141601）；

项目资助：国家社会科学基金重大项目"创新引领发展的机制与对策研究"（18ZDA101）；

国家自然科学基金面上项目"中国新兴产业创新政策组合的绩效影响机制研究"（72074204）

2022

中国制造业创新发展报告

Report on China's Manufacturing Innovation and Development

穆荣平 郭京京◎主　编

科学出版社

北　京

内 容 简 介

本报告包括主题报告和技术报告两大部分。主题报告以"人工智能赋能制造业创新驱动发展"为主题，总结全球人工智能赋能制造业创新驱动发展态势，分析主要国家人工智能赋能制造业创新发展政策实践，梳理中国人工智能赋能制造业创新发展现状与问题，提出了中国人工智能赋能制造业创新发展政策取向。技术报告运用中国制造业创新发展绩效评估指标体系，通过创新能力指数和创新发展指数对制造业创新发展绩效进行测度评估，从创新实力和创新效力两个方面表征制造业创新能力，从创新投入、创新条件、创新产出、创新影响四个方面表征创新实力和创新效力，从科技发展、经济发展、环境发展三个方面表征制造业创新发展水平，从创新能力、创新实力、创新效力、创新发展指数、创新激励指数等方面全面分析 2013～2021 年中国制造业创新发展态势与特征，遴选了 30 个行业进行比较，系统分析了中国制造业重点行业创新能力指数、创新发展指数和创新激励指数演进态势与特征。

本报告是面向决策和面向公众的研究报告，有助于政产学研和社会公众了解中国制造业创新发展态势与格局、制造业创新发展战略和政策，可供各级政府相关部门决策和政策制定参考。

图书在版编目（CIP）数据

2022 中国制造业创新发展报告 / 穆荣平，郭京京主编. — 北京：科学出版社，2025. 1. — ISBN 978-7-03-080163-0

Ⅰ. F426.4

中国国家版本馆 CIP 数据核字第 2024DV5917 号

责任编辑：牛　玲　姚培培 / 责任校对：邹慧卿
责任印制：师艳茹 / 封面设计：有道文化

科 学 出 版 社 出版
北京东黄城根北街 16 号
邮政编码：100717
http://www.sciencep.com

北京九州迅驰传媒文化有限公司印刷
科学出版社发行　各地新华书店经销
*
2025 年 1 月第 一 版　开本：720×1000　1/16
2025 年 1 月第一次印刷　印张：11 3/4
字数：150 000
定价：98.00元
（如有印装质量问题，我社负责调换）

前　言

　　《中共中央关于进一步全面深化改革　推进中国式现代化的决定》指出："加快推进新型工业化，培育壮大先进制造业集群，推动制造业高端化、智能化、绿色化发展。"2024年9月27日，习近平总书记在给中国一重产业工人代表回信中指出："制造业是立国之本、强国之基。"①制造业创新能力建设与创新发展事关制造强国、质量强国建设大局，是推动制造业高端化、智能化、绿色化发展的必由之路。当前，人工智能赋能制造业创新驱动发展态势日益凸显，人工智能与先进制造技术深度融合，制造业全价值链智能高端转型加速。中国制造业迫切需要借鉴国外人工智能赋能制造业创新发展政策实践经验，全方位推进人工智能赋能制造业创新发展，提升制造业创新发展能力和国际竞争力，推动制造业高质量发展，为实现中华民族伟大复兴、实现第二个百年奋斗目标奠定更加坚实的物质基础。

　　制造业创新监测与评估是宏观决策的重要依据，已经成为政府和学术界共同关注的问题。2005年起，欧盟发布《欧盟产

---

① 近平回信勉励中国一重产业工人代表：坚守技能报国初心弘扬劳模精神劳动精神工匠精神 继续为建设制造强国推动东北全面振兴贡献智慧和力量. https://www.gov.cn/yaowen/liebiao/202409/content_6977204.htm.

业研发投入记分牌》；2017 年，科睿唯安发布《2017 全球创新报告》，对 12 个主要行业的科学研究与专利活动进行分析；2016 年起，中国工程院发布"制造强国发展指数"，比较中国与主要制造业国家制造强国综合指数的变化情况。2007 年 2 月，中国科学院创新发展研究中心明确研究出版《中国创新发展报告》任务，提出了国家创新发展指数、国家创新能力指数、中国制造业创新能力指数、中国区域创新能力指数等概念和测度理论方法。2009 年 10 月，《2009 中国创新发展报告》发布。2020 年 3 月，中国科学院创新发展研究中心发布了《2019 中国制造业创新发展报告》。2022 年 7 月，中国科学院创新发展研究中心发布了《2020 中国制造业创新发展报告》。2023 年 4 月，中国科学院创新发展研究中心发布了《2021 中国制造业创新发展报告》。

《2019 中国制造业创新发展报告》是在继承与发展《2009 中国创新发展报告》制造业创新能力指数的理论方法基础上，独立发布的第一部聚焦制造业创新发展的年度报告。报告包括主题报告和技术报告两大部分。主题报告部分以"创新驱动制造业数字转型，加速全球价值链重构"为主题，总结世界制造业创新发展总体态势，分析主要国家制造业创新发展政策与举措，梳理中国制造业创新发展现状与问题，提出了中国制造业创新驱动数字转型发展思路与政策取向。《2020 中国制造业创新发展报告》以"全方位推进开放创新，助力制造业高质量发展"为主题，总结新冠疫情期间全球制造业开放创新态势，提出"协同研发""协同设计""协同生产""协同服务""协同发展"的全球制造业开放创新趋势，分析主要国家积极推动制造业开放创新政策与举措，梳理中国制造业开放创新现状与问题，提出了中国制造业开放创新的政策取向。《2021 中国制造业创新发展报告》以"强化制造业创新能力，支撑智慧可持续发展"为主题，梳理创新驱动全球制造业绿色低碳转型发展态势，总结主要国家制造业绿色低碳转型发展政策实践，分析中国制造业创新驱动绿色低碳转型发展现状，提出了中国制造业创新驱动数字赋能绿色发展政策取向。

《2022 中国制造业创新发展报告》包括主题报告和技术报告两大部分。主题报告部分以"人工智能赋能制造业创新驱动发展"为主题，总结全球人工智能赋能制造业创新驱动发展态势，分析主要国家人工智能赋能制造业创新发展政策实践，梳理中国人工智能赋能制造业创新发展现状与问题，提出了中国人工智能赋能制造业创新发展政策取向。技术报告运用中国制造业创新发展绩效评估指标体系，通过创新能力指数和创新发展指数对制造业创新发展绩效进行测度评估，从创新实力和创新效力两个方面表征制造业创新能力，从创新投入、创新条件、创新产出、创新影响四个方面表征创新实力和创新效力，从科技发展、经济发展、环境发展三个方面表征制造业创新发展水平，从创新能力、创新实力、创新效力、创新发展指数、创新激励指数等方面全面分析 2013～2021 年中国制造业创新发展态势与特征，遴选了 30 个行业进行比较，由于烟草制品业性质特殊而未纳入本报告的研究。技术报告部分进一步系统分析了中国制造业重点行业创新能力指数、创新发展指数和创新激励指数演进态势与特征。

《2022 中国制造业创新发展报告》由中国科学院科技战略咨询研究院课题组组织研究出版，中国科学院大学、浙江大学相关研究人员参与研究撰写。主编穆荣平负责本报告的总体设计，重要概念、指数框架、指标体系确定，以及第一章的设计、撰写与统稿工作；主编郭京京负责指标体系构建、分析方法确定，第一章的部分撰写与统稿工作，以及报告研究编写的组织协调工作。报告具体分工如下：穆荣平、郭京京、李强、李雨晨、姜春、冯泽、董国位、柯忻怡负责第一章的撰写，其中第一节由李强执笔，第二节由李雨晨执笔，第三节由冯泽、董国位、柯忻怡执笔，第四节由姜春和穆荣平执笔，穆荣平和郭京京负责第一章的统稿工作；李雨晨负责第二章的撰写；柯忻怡负责第三章、第四章和第五章的撰写；姜春负责第六章和第七章的撰写；陈熹微负责第八章第一节、第二节的撰写，张茂负责第八章第三节、第四节、第五节的撰写，左祎铭负责第八章第六节、第七节、第八节的撰写。此外，陈熹微、柯忻怡做了大量基础性研究工作，负责数据搜集、整理和计算，以及图形绘制。姜春负责第二章到第八章的统稿和校对工作。

《2022 中国制造业创新发展报告》是探索推动中国制造业创新发展的有益尝试。囿于课题组对于人工智能赋能制造业创新驱动发展思想认识的局限性，本报告一定存在许多值得进一步深入探讨与研究的问题。我们竭诚希望与国内外关注制造业创新发展和创新能力建设的政产学研各界同仁专家一起密切合作，不断丰富制造业创新发展理论，推动中国制造业创新发展实践。

中国科学院科技战略咨询研究院研究员
中国科学院大学国家前沿科技融合创新研究中心主任

2024 年 10 月

目　录

第一章

人工智能赋能制造业
创新驱动发展

第一节　全球人工智能赋能制造业
创新驱动发展态势

一、人工智能与先进制造技术深度融合，制造方式智能化变革加速

1. 拥有自主感知学习和决策能力的智能机器人推动制造业向人机协同与少人化生产方式变革

国际机器人联合会（International Federation of Robotics，IFR）数据显示，2021年全球工业机器人新安装量超51.7万台，同比增长31%，创历史新高[①]。英国巴克莱银行预测，到2025年，"人机协作"智能工业机器人全球销量将增至70万台[②]。机器视觉技术赋能后的工业机器人可以即时识别物体、扫描并分类缺陷，已广泛应用于供应链、质量管理等领域。日本传感器制造商基恩士将机器视觉、图像处理与边缘计算处理等技术进行创新性整合，使机器人可检测到0.03毫米的微

---

① International Federation of Robotics. 2022. World Robotics 2022. (2022-10-14) [2024-07-17]. https://ifr.org/downloads/press2018/2022_WR_extended_version.pdf.

② Dodgshun J. 2019. Cobots: Our New Partners at Work. (2019-07-01) [2024-07-17]. https://www.technologist.eu/cobots-our-new-partners-at-work.

小缺陷，实现质量检查智能化①。此外，深度学习技术使机器人实现自主控制以及与其他机器人（或人）的协作，提升制造系统精度和敏捷度。例如，日本机器人巨头日本发那科公司与深度学习技术龙头企业优选网络（Preferred Networks）公司合作研发工业机器人神经元网络技术，机器人可通过深度学习发现人类无法察觉的动作，从而实现更高的产品制造优化目标②。发那科人工智能（artificial intelligence，AI）伺服调整功能可通过机器学习智能抑制伺服电机加减速时的机械振动，实现高精度、高品质加工工作。2023 年 8 月，德国施耐德电气有限公司推出集成新一代自动化和先进工业机器人技术的 Lexium Cobot 人机协作机器人，借助深度学习技术对动态扭矩、速度等指标进行监测学习，提高加工柔性和生产强度③。近年来，采用自主学习算法完全独立运营机器人且无人值守的熄灯工厂或熄灯制造单元，开始在半导体、化学药品、核废料处理、电子组装等无尘要求高或高危行业内得到应用。例如，德国英飞凌科技公司智能工厂通过中央操作系统以及算法，让 200 多台机器人协助少数员工针对 200 毫米和 300 毫米晶圆生产线实现将近 92% 的自动化运营水平④。

2. 人工智能与工业物联网技术的深度融合促使制造系统呈现以数据驱动为特征的虚实融合和网络协同发展态势

近年来，德国、日本、美国等相继发布了工业物联网的主流参考架构，将智能化作为工业物联网的长期发展趋势。2022 年 3 月，美国

---

① Appearance Inspection (Foreign Particles, Flaws, Defects).[2023-12-04]. https://www.keyence.com/ss/products/vision/visionbasics/use/inspection02/.

② FANUC. 2015. Announcement for Capital Tie-up Between Fanuc Corporation and Preferred Networks Inc. (2015-08-21) [2024-07-17]. https://www.fanuc.co.jp/en/profile/pr/newsrelease/2015/notice20150821.html.

③ Schneider Electric. 2023. Schneider Electric Launches-Lexium Cobot Cooperative Robot. (2023-10-18) [2024-07-17]. https://www.schneider-electric.cn/zh/about-us/press/local/2023/se-launches-lexium-cobot-cooperative-robot.jsp.

④ Rokin. 2020. Intelligent Manufacturing: 5 Examples of Smart Factories Across Germany. (2020-08-13) [2024-07-17]. https://www.rokin.tech/post/intelligent-manufacturing-5-examples-of-smart-factories-across-germany.

工业互联网联盟（Industry IoT Consortium，IIC）发布《工业物联网人工智能框架》白皮书，进一步明确人工智能在工业物联网系统中实施的参考框架[①]。根据国际权威机构 Statista 的统计，2022 年全球工业物联网的市场规模已超过 5440 亿美元[②]，截至 2023 年，全球预计有超过 151 亿台设备连接到工业物联网上[③]。工业物联网中的产品、设备、生产线等物理空间实体在数字空间进行完全映射和重建后，人工智能技术可以创造虚实合一的数字孪生体，将制造全流程以数字可视化的方式呈现。例如，2022 年 5 月，微软股份有限公司与川崎重工工业株式会社合作，通过虚拟及增强现实解决方案创建可复刻工业物联网中物理设备运行的数字化工作空间，人员通过佩戴头显设备辅助安排生产、维修和供应链管理等环节在资源、时间上的最优分配[④]。同时，人工智能技术可实现工业物联网各环节数据的实时感知、传送、分析和处理，制造系统正向以网络化协作为核心的"平台＋制造"方向发展。例如，通用电气公司的工业物联网平台 Predix 利用深度学习和传感器等技术，将分布在全球范围内的 7 家辉煌工厂进行实时信息互联，并在可扩展的全球智能生产网络中进行协同设计、生产或分销等环节[⑤]。这种制造系统可以实现不同地区、不同行业企业间制造资源的调配、共享和优化，缩短产品制造和创新周期。另外，在工业物联网中应用深度学习建模可协助制造系统中供需数据的精准对接和自主优化，通过消费者个性化需求挖掘和柔性化生产，实现低成本的定制化生产。例如，西

① Industry IOT Consortium. 2022. Industry IoT Consortium Publishes the Industrial IoT Artificial Intelligence Framework. (2022-03-02) [2024-07-17]. https://www.iiconsortium.org/press-room/03-02-22/.

② Statista. 2023. Industrial Internet of Things (IIoT) Market Size Worldwide from 2020 to 2030. (2023-04-01) [2024-07-17]. https://www.statista.com/statistics/611004/global-industrial-internet-of-things-market-size/.

③ Statista. 2023. Number of Internet of Things (IoT) Connected Devices Worldwide from 2019 to 2030, by Vertical. (2023-07-01) [2024-07-17]. https://www.statista.com/statistics/1194682/iot-connected-devices-vertically/.

④ 新浪财经. 2022. 川崎与微软合作采用HoloLens设备制造机器人. (2022-05-25) [2024-07-17]. https://finance.sina.com.cn/tech/2022-05-25/doc-imizirau4651506.shtml.

⑤ Jones T. 2022. Machine Learning Applications in the Manufacturing Industry. (2022-07-07) [2024-07-17]. https://www.machinelearningpro.org/ml-applications-in-the-manufacturing-industry/.

门子公司的"Click2Make"自动化工厂项目利用人工智能推理工具分配生产任务，尝试将生产模式从流水线式的标准化制造向大规模定制化产品供应模式转型[①]。

二、制造业全价值链加速智能高端转型，服务化绿色化新模式涌现

1. 研发设计、质量管控、设备维护、生产调度等制造业全价值链关键环节加速实现智能化转型

制造业全价值链智能化转型有助于提升生产效率、变革运营模式、增强市场竞争力。根据埃森哲咨询公司的测算，2017~2035 年，人工智能技术应用将使制造业总增加值（gross value added，GVA）增至近 4 万亿美元，年复合增长率将达到 4.4%[②]。德勤企业管理咨询公司发现，人工智能在制造业各个环节的应用可为企业降低最高 20% 的加工成本，到 2030 年，人工智能将推动劳动生产力提升 27%[③]。在研发设计环节，人工智能可使研发人员进行大量模拟和验证，提高研发设计效率。目前，很多创业企业将人工智能技术用于新药物、新材料的研发过程。加拿大生物技术制药创业公司 Entos 采用自动化合成开发工具，并结合深度学习算法，致力于探索和生成尽可能多的候选分子方案，加速新药物开发和小分子疗法设计的研发周期[④]。材料和化学创业公司

① Brown J. 2017. Researchers Demonstrate How Humans, Robots Might Work Together. (2017-08-10) [2024-07-17]. https://www.ciodive.com/news/researchers-demonstrate-how-humans-robots-might-work-together/449029/.

② Purdy M, Daugherty P. 2017. Accenture Report: How AI Boosts Industry Profits and Innovation. (2017-06-01) [2024-07-17]. https://cdn.luxe.digital/download/Accenture-AI-Industry-Growth-Full-Report-luxe-digital.pdf.

③ 德勤企业管理咨询公司 . 2021. 2021 年制造业＋人工智能创新应用发展报告 . (2021-10-16) [2024-07-17]. https://www2.deloitte.com/cn/zh/pages/energy-and-resources/articles/manufacturing-artificial-intelligence-innovation-application-development-report.html.

④ Mckinsey. 2023. Economic Potential of Generative AI: The Next Productivity Frontier. (2023-06-14) [2024-07-17]. https://www.mckinsey.com/capabilities/mckinsey-digital/our-insights/the-economic-potential-of-generative-ai-the-next-productivity-frontier.

Citrine Informatics 使用人工智能分析庞大的材料数据库，将新材料研发所需时间缩短 50%[①]。在质量管控环节，人工智能通过把工程师的缺陷检测经验转化为深度学习算法，利用机器视觉技术为企业提供缺陷检测、智能化校准、问题根源分析等解决方案，大幅提高检测准确度与效率。初创企业 Landing AI 通过计算机视觉平台，利用深度学习技术帮助富士康科技集团识别人眼不可见的电子元器件缺陷[②]。在设备维护方面，人工智能可实现设备故障预警和预见性维护，降低由计划外生产中断产生的成本。德国罗伯特·博世有限公司依靠人工智能算法和大数据，系统性分析由振动、温度等传感器采集的数据，检测故障模式并进行动态维护，可最多减少 75% 的计划外停机和 45% 的故障时间[③]。近年来，人工智能开始应用于高复杂性、高动态性的生产调度流程，通过对生产设备参数的动态调节提升生产效率。通用电气公司在风力涡轮机的数字孪生模型中，采用无监督和有监督式机器学习准确预测风力涡轮机的物流和安装成本，通过改进生产调度流程和提高机器设备的利用率，预计到 2030 年给全球风电行业节省高达 26 亿美元的资金[④]。

2. 人工智能催生新业态新模式，推动制造业服务化绿色化发展

基于人工智能技术的数字化服务已成为制造业服务化转型的重要方向。Technavio 最新发布研究显示，人工智能与工业物联网、云计算等技术的融合应用衍生出大量新服务业态，在 2023 年至 2028 年，全球市场规模将以 58.37% 的年复合增长率增长，预计将增加 798.2 亿美

① Citrine Informatics. 2019. Machine Learning Accelerates Research. (2019-12-20) [2024-07-17]. https://citrine.io/machine-learning-accelerates-research/.
② 腾讯新闻. 2021. Landing AI 融资 5700 万美元，百度前首席科学家吴恩达创立. (2021-11-09) [2024-07-17]. https://new.qq.com/rain/a/20211109A0KP8Z00.
③ 刘浩，陈隽伟，周小良. 2017. 数字化智能制造解决方案. (2017-02-27) [2024-07-17]. https://www2.deloitte.com/content/dam/Deloitte/cn/Documents/technology/deloitte-cn-tech-dc-digital-whitepaper-zh-161201.pdf.
④ GE Vernova. 2022. GE Using AI/ML to Reduce Wind Turbine Logistics and Installation Costs. (2022-04-04) [2024-08-17]. https://www.gevernova.com/news/press-releases/ge-using-aiml-to-reduce-wind-turbine-logistics-and-installation-costs.

元①。德勤企业管理咨询公司发布的《制造业＋人工智能创新应用发展报告》指出，预测性维护、智能计划排产、质量控制等新服务业态将是人工智能制造业应用增长最快的领域，年复合增长率将达 49% 以上。波士顿咨询公司的研究表明，到 2030 年，人工智能可为全球制造业减少 2.6 亿～5.3 亿吨二氧化碳排放②。制造业龙头企业将行业标准化流程转化成模块化操作系统，面向产业链上下游及同行企业提供个性化人工智能解决方案，实现向系统解决方案提供商的转变。英国航空发动机制造商罗尔斯·罗伊斯与微软股份有限公司合作，将飞机发动机出租给航空公司，并通过物联网、深度机器学习等技术为客户提供发动机全生命周期服务，减少飞机不必要维护和计划外停飞时间。2020年，该公司声称利用飞机飞行数据减少了超过 2200 万吨碳排放③。通用电气公司与印孚瑟斯技术有限公司合作开发行业领先的网格编排软件平台和智能应用程序，通过网络建模和人工智能技术为客户提供电网相关的服务解决方案④。霍尼韦尔公司充分利用物联网和 AI 大数据分析技术，围绕钢铁、炼化等重点高能耗、高排放行业，提供从计量仪表、传感器、应用管理软件到系统实施和运维服务的端到端整体智慧能源管理解决方案，实现节能减排和绿色生产⑤。

① Technavio. 2024. Artificial Intelligence-as-a-Service (AIaaS) Market Analysis North America, APAC, Europe, Middle East and Africa, South America-US, China, Germany, UK, Canada-Size and Forecast 2024-2028. (2024-06-01) [2024-07-17]. https://www.technavio.com/report/artificial-intelligence-as-a-service-market-industry-analysis.

② Degot C, Duranton S, Frédeau M, et al. 2021. Reduce Carbon and Costs with the Power of AI. (2021-01-26) [2024-07-17]. https://www.bcg.com/publications/2021/ai-to-reduce-carbon-emissions.

③ du Preez D. How Rolls-Royce is Improving Engine Sustainability with Real-time Data and Digital Twins. (2021-04-05) [2024-07-17]. https://diginomica.com/how-rolls-royce-improving-engine-sustainability-real-time-data-and-digital-twins.

④ Infosys. 2023. Infosys 与 GE Digital 强强联手，提供能源转型解决方案 . (2023-02-07) [2024-07-17]. https://www.infosys.com/cn/newsroom/features/2023/collaborates-deliver-energy-transition-solutions.html.

⑤ 霍尼韦尔 . 2021. 霍尼韦尔智慧能源管理解决方案 . (2021-06-25) [2024-07-17]. https://www.honeywell.com.cn/content/dam/honcn/documents/218/ 霍尼韦尔智慧能源管理解决方案 .pdf.

三、政产研深度协同构建创新生态体系，跨界合作推进新技术应用

1. 政产研深度协同开展人工智能基础理论和共性技术研究，推进人工智能技术在制造领域的应用和转化，构建良好创新生态体系

一方面，主要国家与产业界组建人工智能研发创新中心，推动多学科交叉的基础研究。美国国家人工智能安全研究所以打造"政府－产业－研究院"协同合作的人工智能创新研发体系为目标，积极促成美国农业部、美国国土安全部等政府部门与谷歌公司、亚马逊公司、英特尔公司和埃森哲咨询公司等公司成立合作项目，开展智能部件、系统和关键核心技术攻关。2020～2023 年，该研究院已累计投入5 亿美元，有效推进了人工智能多学科交叉基础理论研究以及相关成果的市场转化[①]。2021 年 7 月，美国国家科学基金会（The U.S. National Science Foundation，NSF）新建立 11 个人工智能研究机构，投资金额超过 2.2 亿美元。2019 年 1 月，欧盟启动"欧洲人工智能"（AI for EU）项目，通过建立人工智能需求平台和开放协作平台，汇聚 21 个成员国的 79 家顶级研发机构、中小企业和大型企业，整合数据、算力、算法等人工智能研发资源[②]。2014 年，德国弗劳恩霍夫协会组建弗劳恩霍夫大数据和人工智能联盟，汇集 30 多个弗劳恩霍夫协会形成跨学科跨行业基础理论研究和技术开发团队[③]。另一方面，主要国家强化政府和产业界的合作，加速人工智能在制造业领域的商业化应用和转化。

① U.S. National Science Foundation. 2023. NSF Announces 7 New National Artificial Intelligence Research Institutes. (2023-05-04) [2024-07-17]. https://www.nsf.gov/news/news_summ.jsp?cntn_id=307446&org=BCS#:~:text=The%20U.S.%20National%20Science%20Foundation%2C%20in%20collaboration%20with, new%20National%20Artificial%20Intelligence%20Research%20Institutes%20%28AI%20Institutes%29.

② 中华人民共和国商务部 . 2019. 欧盟 21 个国家将合作建设人工智能需求平台 . (2019-01-14) [2024-07-17]. http://www.mofcom.gov.cn/article/i/jyjl/m/201901/20190102826780.shtml.

③ Fraunhofer. 2020. Ökosysteme für Daten und Künstliche Intelligenz. (2020-08-17) [2024-07-17]. https://www.hci.iao.fraunhofer.de/content/dam/hci/de/documents/Positionspapier_%C3%96kosysteme_f%C3%BCr_Daten_und_K%C3%BCnstliche_Intelligenz.pdf.

德国人工智能研究中心（Deutsches Forschungszentrum für Künstliche Intelligenz GmbH，DFKI）是世界上最大的非营利人工智能基础研究机构，其资金主要来自欧盟、德国联邦教育与研究部（Federal Ministry of Education and Research，BMBF）等政府机构以及谷歌公司、英特尔公司、宝马集团、思爱普公司等工业合作伙伴；至 2020 年 8 月，该中心拥有 18 个研究部门、10 个能力中心以及 7 个生活实验室，已成功孵化 84 家公司[①]。美国在 40 个州、87 个区域内都拥有人工智能研究和商业化应用中心，它们已成为学术界、工业界和政府间合作的重要枢纽[②]。2022 年，德国联邦教育与研究部资助由慕尼黑、德累斯顿、柏林等 6 个区域性人工智能能力中心合作开发的全国性网络，强化各能力中心与区域实践伙伴的密切合作[③]。德国政府还陆续通过创业补助金计划（EXIST）和包容性、参与性交通创新计划（mFUND）等倡议支持中小企业和初创企业发展[④]。

2. 领先制造企业与人工智能企业跨界合作，推进人工智能技术规模化应用

协同研究集团（Synergy Research Group）数据显示，截至 2023 年第二季度末，全球超大规模数据中心数量已接近 900 个，相比 2020 年同期增长 1.7 倍[⑤]。其中，亚马逊公司、微软股份有限公司、谷歌公司

① 程钶昀. 2020. 德国人工智能产业与空间布局浅析. (2020-09-09) [2024-07-17]. https://www.sohu.com/a/417200593_120168591.

② U.S. National Science Foundation. 2021. NSF Partnerships Expand National AI Research Institutes to 40 States. (2021-07-29) [2024-07-17]. https://new.nsf.gov/news/nsf-partnerships-expand-national-ai-research.

③ Bundesministerium für Bildung und Forschung. 2022. Stark-Watzinger: "KI-Standort Deutschland Wird Noch Attraktiver". (2022-06-30) [2024-07-17]. https://www.bmbf.de/bmbf/shareddocs/kurzmeldungen/de/2022/06/50-millionen-foerderung-fuer-ki-kompetenzzentren.html.

④ 德国联邦数字化和交通部. 2023. Strong AI in Germany. (2023-08-29) [2024-07-17]. https://bmdv.bund.de/SharedDocs/DE/Artikel/K/starke-ki-in-deutschland.html.

⑤ RENO NV. 2023. On-Premise Data Center Capacity Being Increasingly Dwarfed by Hyperscalers and Colocation Companies. (2023-07-12) [2024-07-17]. https://www.srgresearch.com/articles/on-premise-data-center-capacity-being-increasingly-dwarfed-by-hyperscalers-and-colocation-companies#:~:text=As%20the%20number%20of%20large%20data%20centers%20operated,data%20centers%20and%20half%20is%20in%20leased%20facilities.

和国际商业机器公司等领先云供应商拥有全球大型数据中心的 50% 以上[①]，为人工智能技术应用于制造业搭建了包含底层算力、数据存储、云计算在内的数字基础平台，强化了人工智能基础设施要素保障水平。2020 年，通用可再生能源在亚马逊公司云服务上构建高性能电力资产管理服务平台，可快速处理来自 40 000 多个电力设施的物联网数据，将数字服务部署效率提高了 5 倍以上[②]。丰田工业公司将其终极动态物联网全球架构（global architecture for ultimate dynamic IoT）部署于微软股份有限公司智能云 Azure，可在云端系统中积累数据并创建模型，自动检测可能导致产品缺陷的设置并调整为最佳参数[③]。西门子股份公司将谷歌云的数据云和机器学习技术与其数字工厂自动化解决方案结合，通过集合工厂数据和基于云的 AI 算法模型，实现产品目视检测以及预测装配线上的机器磨损等制造环节的人工智能应用[④]。巴伐利亚发动机制造厂股份有限公司、德国罗伯特·博世有限公司、德国采埃孚集团等企业与微软股份有限公司合作成立开放制造平台（Open Manufacturing Platform，OMP），通过跨行业协作的开放性平台实现数据无缝集成，共享经验、工业案例和代码样本，推进德国制造企业加速智能工厂解决方案开发[⑤]。

① 数据中心行业协会 (AFCOM). 2021. 3 年内全球超大规模数据中心数量将超过 1000 个. (2022-03-25) [2024-07-17]. https://afcom.com/Login.aspx?returl=/news/news.asp?id=596748#.

② 亚马逊云. 2021. 使数据可用性达到 99.9%，实现无碳发电. (2021-01-01) [2024-07-17]. https://aws.amazon.com/cn/solutions/case-studies/ge-renewable-energy/.

③ 微软. 2021. 为丰田工业和上汽安吉物流构建现代化物联网平台. (2021-11-26) [2024-07-17]. https://news.microsoft.com/zh-cn/ 微软智能云：为丰田工业和上汽安吉物流构建现代 /.

④ 西门子与 Google Cloud 合作开发基于 AI 的解决方案. (2021-04-20) [2024-08-27]. https://www.gkong.com/Company/SiemensIndustry/NewsDetail.ashx?id=103559.

⑤ Open Manufacturing Platform. 2020. Accelerating Manufacturing Innovation at Scale: Solving Mutual Challenges through Open Collaboration. (2020-06-01) [2024-07-17]. https://raw.githubusercontent.com/OpenManufacturingPlatform/openmanufacturingplatform.github.io/master/docs/omp_accelerating_manufacturing_at_scale_061620.pdf.

四、人工智能数据开放与共享趋势增强，数据治理重要性日益凸显

1. 主要国家积极构建基于共同利益和公平竞争的数据标准框架协议，为人工智能在制造业领域应用提供数据要素制度保障

根据国际数据公司（International Data Corporation，IDC）预测，全球数据量将从 2016 年的 16.1 ZB（ZettaByte）增至 2025 年的 163 ZB。由于数据标准、格式、通信协议不兼容，80% 左右的工业生成数据尚未得到进一步应用[①]。与此同时，制造业对于公共数据、跨行业数据以及跨国数据的共享合作需求快速增加。为此，主要国家针对数据标准规范和公共数据共享制定了一系列政策法案或倡议。2018 年 4 月，英国政府发布《产业战略：人工智能部门协议》，提出改进现有数据基础设施，制定可互操作且尽可能开放的数据标准，鼓励业界参与开发公平安全的数据共享框架[②]。德国弗劳恩霍夫协会和工业界联合发起国际数据空间（International Data Space，IDS）倡议，为安全可信的数据交换和数据主权制定了国际标准；来自 28 个国家的 140 家公司和研究机构已加入该倡议[③]。美国注重数据开源及商业化应用，受众平台（On Audience）显示，美国作为世界上最大的数据交易市场，2021 年市场规模已达 306 亿美元，同比增长 24.1%[④]。2018 年，美国政府出台《开放政府数据法案》（H.R.4174），规定将透明、可靠、可互动的高质量政府数据提供给私人部门做决策使用，最大化地挖掘数据价值[⑤]。

① 德国联邦数字化和交通部 . 2023. National Data Strategy Adopted. (2023-08-30) [2024-07-17]. https://bmdv.bund.de/SharedDocs/DE/Artikel/K/nationale-datenstrategie-beschlossen.html.

② 黄龙光 . 2018. 英国发布人工智能产业战略 . (2018-06-12) [2024-07-17]. http://www.casisd.cn/zkcg/ydkb/kjzcyzxkb/2018/201807/201806/t20180612_5025268.html.

③ International Data Spaces Association. 2024. Driving Data Freedom for the Whole World. (2024-03-01) [2024-07-17]. https://internationaldataspaces.org/we/the-association/.

④ 西部证券 . 2023. 2023 年从政策角度推演大国竞争下的 AI 产业发展机遇：超越"卡脖子"看 AI 发展 . (2023-07-27) [2024-07-17]. https://www.vzkoo.com/read/20230727e8869e69e672a78a6cb2d81b.html.

⑤ The United States Congress. 2019. H.R.4174-An Act to Amend Titles 5 and 44, United States Code, to Require Federal Evaluation Activities, Improve Federal Data Management, and for Other Purposes. (2019-01-14) [2024-07-17]. https://www.congress.gov/bill/115-congress/house-bill/4174.

2021年，美国宣布成立国家人工智能研究资源工作组（National Artificial Intelligence Research Resource Task Force），为人工智能研究人员提供共享开放的公共数据集[①]。欧盟正在建立符合欧盟价值观和原则的数据治理方式，即在数据共享信任的基础上，建立一个由私人和公共参与者组成的欧洲共同数据空间。欧洲议会于2022年4月通过了《欧洲数据治理法案》，旨在为各种智能设备、自动化生产线、自动驾驶汽车等产生的非个人数据，提供在各部门和成员国之间进行公平访问和共享的框架，以增强全欧洲的数据共享机制和数据可用性[②]。

2. 主要国家采用监管立法、政策指南以及新兴技术溯源保护等方式，应对与人工智能相关的数据治理问题

各国对涉及隐私、伦理规范和网络安全的数据采集、分析和传输等环节开展全面的人工智能监管立法。2021年2月，欧盟提出新的《电子隐私条例》，针对电子通信领域隐私保护做出具体规定[③]。同年6月，欧洲数据保护委员会（European Data Protection Board，EDPB）和欧洲数据保护监督局（European Data Protection Supervisor，EDPS）联合呼吁全面禁止"任何使用人工智能自动识别可公开访问的人类特征的行为"[④]。2022年10月，美国白宫提出的《人工智能权利法案蓝图》是目前美国最新且最详细的人工智能监管政策框架，该蓝图设立了安全有效的系统、算法歧视保护、数据隐私等五项基本原则[⑤]。此外，具体领域政策指南和行业自愿共识标准也积极发挥了对人工智能数据隐私、

---

① 杨况骏瑜，王立娜. 2021. 环球科技参考. (2021-07-15) [2024-07-17]. https://www.cas.cn/kj/202107/t20210715_4798670.shtml.

② 吕娜. 2022. 欧盟《数据法案》"一体双标"的数据流动治理之道. (2022-03-25) [2024-07-17]. https://www.thepaper.cn/newsDetail_forward_17299247.

③ European Data Protection Board. 2021. Statement 03/2021 on the Eprivacy Regulation. (2021-03-09) [2024-07-17]. https://www.edpb.europa.eu/our-work-tools/our-documents/statements/statement-032021-eprivacy-regulation_en.

④ 清华大学人工智能国际治理研究院. 2022. 2021年度全球人工智能治理趋势盘点. (2022-04-01) [2024-07-17]. http://aiig.tsinghua.edu.cn/info/1442/1428.htm.

⑤ The White House. 2022. Blueprint for an AI Bill of Rights. (2022-10-04) [2024-07-17]. https://www.whitehouse.gov/ostp/ai-bill-of-rights/.

多样性和安全的引导作用。2023 年 1 月，美国国家标准与技术研究院（National Institute of Standards and Technology，NIST）推出《人工智能风险管理框架》，对人工智能风险进行了详尽的分级分类[①]。2020 年以来，日本相继发布《物联网安全架构》《智能家居的网络/物理安全措施指南》，确保物联网和智能家居数据隐私与网络安全。2021 年 11 月，联合国教科文组织通过了《人工智能伦理问题建议书》，这是首个针对人工智能伦理的全球性规范框架；其中，数字政策行动领域部分为促进个人数据安全、隐私权保护、数据权利、监督数据收集和使用等数据治理提供了国际法律基础[②]。2022 年，美国–欧盟贸易和技术委员会（Trade and Technology Council，TTC）第三次部长级会议宣布，美国、欧盟双方将在人工智能国际标准领域开展合作，旨在建立衡量人工智能风险的共享指标库[③]。进一步地，工业物联网、区块链等新兴技术也可实现数据溯源以及对人工智能模型和算法的版权保护，为数据隐私、知识产权等治理问题提供新的解决方案。西安杨森制药有限公司、拜耳公司、德国默克集团等 10 家全球顶尖制药企业与英伟达公司以及 4 家人工智能初创公司合作成立机器学习分类账编排的药物发现联盟（Machine Learning Ledger Orchestration for Drug Discovery）项目，通过共享基于区块链和联邦学习的建模平台，在不侵犯成员数据隐私和知识产权的情况下，利用多家药物公司的数据来训练药物研发算法和模型[④]。

---

① U.S. Department of Commerce. 2023. Artificial Intelligence Risk Management Framework (AI RMF 1.0). (2023-01-01) [2024-07-17]. https://nvlpubs.nist.gov/nistpubs/ai/NIST.AI.100-1.pdf.

② 联合国教科文组织 . 人工智能伦理问题建议书 .[2024-07-17]. https://unesdoc.unesco.org/ark:/48223/pf0000380455_chi.

③ 欧亚系统科学研究会 . 2023. 美欧通过 TTC 第三次会议加快构建技术合作"俱乐部" . (2023-01-13) [2024-07-17]. https://www.essra.org.cn/view-1000-4703.aspx.

④ 英伟达 . 2019. MELLODDY 与 NVIDIA 携手助力 AI 药物研发 . (2019-08-08) [2024-07-17]. https://blogs.nvidia.cn/2019/08/08/pharma-melloddy-ai-drug-discovery-consortium/.

第二节　主要国家人工智能赋能制造业创新发展政策实践

一、加强人工智能赋能制造战略部署

1. 美国制定先进制造业国家战略，强调人工智能在先进制造业发展中的作用

2022 年 10 月，美国发布了 2022 年版《先进制造业国家战略》[①]，旨在维护美国先进制造业的全球领导地位。该战略确定了三大相互关联的支柱，分别是：开发和实施先进制造技术、壮大先进制造业劳动力队伍、提升制造业供应链弹性。其中，支柱一包括清洁和可持续制造、微电子和半导体制造、先进生物制造、新材料及加工技术、智能制造等五项重点目标；支柱二包括扩大和丰富先进制造业人才库、拓展教育和培训、加强雇主与教育组织关系等三项重点目标；支柱三包括加强供应链互联互通、减少供应链漏洞、加强制造业生态系统等三项重点目标。围绕三大支柱，该战略确立了"引领智能制造的未来"的具体目标，并在目标设施路径中强调优先考虑机器学习、数据访问、保密性、加密和风险评估方面的研发，以推动人工智能在制造业中的广泛应用。

2. 英国全方位调动人才、知识和基础设施促进人工智能工业应用，力图成为全球人工智能超级大国

2021 年 9 月 22 日，英国政府发布《国家人工智能战略》[②]，致力于

① 美国国家科学技术委员会 . 2022. 先进制造业国家战略 (2022-10-17) [2024-07-17]. https://docs.qq.com/pdf/DVXZOVW5Wb3RwWk9P?u=88777b0a36f1489faaaf3a8bf52b7302.

② Department for Science, Innovation and Technology, Office for Artificial Intelligence, et al. 2021. National AI Strategy. (2021-09-22) [2024-07-17]. https://www.gov.uk/government/publications/national-ai-strategy.

为英国未来十年人工智能发展奠定基础。该战略提出三大策略目标：规划 AI 生态系统的长期需求并有针对性地进行投资，以确保英国人工智能超级大国的领导地位；支持英国向人工智能经济转型，通过建立开放知识库等方式，确保技术惠及工业领域；提出一系列有效管理 AI 的措施，促进英国获得人工智能技术的国际治理权。此外，英国政府设立人工智能联合办公室（Office for AI，OAI），启动英国研究与创新（UK Research and Innovation，UKRI）计划，均侧重于人工智能商业化。

3. 德国积极调整人工智能战略促进人工智能研发，提升其 AI 制造的国际竞争力

2020 年 12 月，德国政府修订了 2018 年版的国家《人工智能战略》，计划到 2025 年，通过经济刺激和未来一揽子计划，将政府对 AI 的资助从 3 亿欧元增加到 50 亿欧元。这些资金将被重点投入现代化的计算基础设施建设中，并通过新的超级计算机提高计算能力。此外，德国还计划加强 AI 能力中心建设，并将其与应用枢纽所在地的区域经济相结合，以建立具有国际吸引力的 AI 生态系统，为欧洲 AI 网络和"AI 欧洲制造"竞争力的提升奠定基础[①]。

4. 日本运用 AI 技术强化产业竞争力，力争成为全球产业的"领跑者"

2022 年，日本发布《人工智能战略 2022》[②]，强调以研发尖端的 AI 技术为目标，构建日本特色的研发体系，建设一批能够吸引全球优秀人才的 AI 研究基地；改变日本独立、分散的传统研发体制，针对 AI 的关键核心技术，建立 AI 技术核心研发网络；运用 AI 技术促使人、自然、硬件等相互作用，挖掘隐含的重要信息，推动产业发展。此外，《人工智能战略 2022》强调构建符合时代需求的人才培养体系，培养 AI 时代各类人才。2023 年 6 月，日本发布 2023 年版《制造业白皮书》。

① 德国科技创新简报. 2020. 新冠疫情后德国加大对人工智能研究投入. (2020-12-30) [2024-07-17]. http://de.china-embassy.gov.cn/kjcx/dgkjcxjb/202012/t20201231_3160246.htm.

② 統合イノベーション戦略推進会議. 2022. AI 戦略 2022. (2022-04-22) [2024-07-17]. https://www8.cao.go.jp/cstp/ai/aistrategy2022_honbun.pdf.

白皮书分析指出，日本制造业已经认识到全球制造业新趋势的必要性。据此，日本政府将针对工业母机、智能机器人、半导体等11类"特定重要商品"①，逐一制定确保稳定供应的指导方针，以保障这些关键领域稳定发展。

二、落实人工智能关键技术攻关举措

1. 美国加大对微电子等关键人工智能技术的支持力度

2021年，美国《无尽前沿法案》（Endless Frontier Act）将发展关键产业技术上升到国家战略高度，要求美国国家科学基金会5年内在人工智能和机器学习、高性能计算、半导体和先进计算机硬件等10个关键技术领域投资1000亿美元②。美国国家人工智能安全委员会（National Security Commission on Artificial Intelligence，NSCAI）于2021年发布了一项《最终报告》③，着重强调美国在微电子领域的领导地位对于该国在人工智能领域的整体领导地位至关重要。《最终报告》指出，美国国会应该为来自美国及其盟国的公司在国内制造投资创造40%的可退还税收抵免，并在未来5年内额外拨出120亿美元用于微电子研究、开发和基础设施建设。这些努力将使美国政府、私营部门和学术界能够迎接重建美国半导体优势的挑战。2023年，美国《人工智能研究和发展战略计划：2023更新版》④认为，针对人工智能的研发投资有利于制造业发展，强调重点研究可扩展的通用人工智能系统、开发更强大和可靠的机器人、推进改善人工智能的硬件革新等。

---

① 经济产业省，厚生劳动省，文部科学省. 2023. 2023年版 ものづくり白書について. (2023-06-02) [2024-07-17]. https://www.meti.go.jp/report/whitepaper/mono/2023/pdf/gaiyo.pdf.

② 孙毅，罗穆雄. 2021. 美国智能制造的发展及启示. 中国科学院院刊，36 (11): 1316-1325.

③ The National Security Commission on Artificial Intelligence. 2021. Final Report. (2021-03-01) [2024-07-17]. https://www.nscai.gov/wp-content/uploads/2021/03/Full-Report-Digital-1.pdf.

④ The National Science and Technology Council. 2023. National Artificial Intelligence Research and Development Strategic Plan 2023 Update. (2023-05-23) [2024-07-17]. https://www.whitehouse.gov/wp-content/uploads/2023/05/National-Artificial-Intelligence-Research-and-Development-Strategic-Plan-2023-Update.pdf.

2. 欧盟关注人工智能驱动技术对工业生产效率和灵活性提升的作用

2021 年 1 月，欧盟委员会发布《工业 5.0——迈向可持续，以人为本和弹性的欧洲产业》[①]，报告认为欧洲工业通过创新进一步提高价值链中不同环节的效率，增加生产系统灵活性，而创新将源于应用越来越先进的数字技术、传感器技术、大数据和人工智能等技术。欧盟工业 5.0 强调，把握数字化、大数据和人工智能发展机遇，使用大数据和人工智能提高生产灵活性，使价值链更具韧性。

3. 日本通过开发、嵌入和部署机器学习算法等技术适应特定领域制造业应用

2021 年 6 月，日本新能源产业技术综合开发机构公布了《人工智能（AI）技术领域的全局研发行动计划》（简称 AI 行动计划）[②]，提出 12 项应着重开发的 AI 技术清单，其中包括实现人类与人工智能之间高级交流的"通过符号推理和深度学习结合来理解意义的人工智能"、能够应对广阔时间和空间"创造深度强化学习的新架构"、产业所需的"优化完整制造流程的人工智能"等。2021 年 1 月，日本政府拟定"第六期科学技术创新基本计划"（2021～2025 年），将 AI 技术确立为战略性基础技术，将通过"战略创新计划"（Strategic Innovation Promotion Program，SIP）、登月型研发资助计划对其进行重点支持[③]。

三、完善人工智能创新生态系统建设

1. 美国围绕人工智能研究院打造全国范围内制造业人工智能创新生态系统

2023 年 5 月，美国国家科学基金会与其他联邦机构、高等教育机

---

① European Union. 2021. Industry 5.0: Towards a Sustainable, Human-centric and Resilient European Industry. (2021-01-04) [2024-07-17]. https://op.europa.eu/en/publication-detail/-/publication/468a892a-5097-11eb-b59f-01aa75ed71a1/.

② 新能源产业技术综合开发机构. 2021. 人工智能 (AI) 技术领域的全局研发行动计划. (2021-06-14) [2024-07-17]. https://www.nedo.go.jp/news/press/AA5_101439.html.

③ 日本政府. 2021. 科学技術・イノベーション基本計画. (2021-03-26) [2024-07-17]. https://www8.cao.go.jp/cstp/kihonkeikaku/6honbun.pdf.

构、企业和其他利益相关者合作，宣布投资 1.4 亿美元，建立七所新的国家人工智能研究院，这意味着美国国家科学基金会和资助合作伙伴已经向人工智能研究院研究网络投资近 5 亿美元，使该网络几乎覆盖了美国的每个州[①]。人工智能研究院是美国人工智能创新、基础设施、技术、教育和伙伴关系生态系统的重要组成部分，在解决国家经济和社会优先事项方面做出了积极努力。该研究院将支持在美国发展多样化的人工智能劳动力，协助应对人工智能带来的风险和潜在威胁，确保美国处于全球人工智能革命前沿。

2. 德国依托人工智能能力中心，加强从研发到商业化的人工智能生态系统建设

人工智能能力中心是德国人工智能研究的中流砥柱，德国政府着力建设人工智能能力中心，资助这些中心实现科学突破，创造初创企业和新的商业模式，加速研究转移，培养人工智能专家并创造新的就业机会，形成国际网络并确保德国在人工智能领域的技术主权[②]。此外，德国联邦教研部出台《人工智能行动计划》[③]，将提供人工智能工具、人工智能技能和人工智能基础设施视为未来基础服务设施的一部分，为德国的人工智能生态系统奠定良好基础。

3. 英国通过艾伦·图灵研究所汇集人工智能生态系统要素资源

2021 年 1 月，英国人工智能委员会发布《人工智能路线图》[④]，提出通过一系列区域投资及集中整个英国的优势，将艾伦·图灵研究所（Alan Turing Institute）打造成国家级研究所，提升英国在 AI 研发和创新方面的战略领导力。《人工智能路线图》指出，艾伦·图灵研究所需

① U.S. National Science Foundation. 2023. NSF Announces 7 New National Artificial Intelligence Research Institutes. (2023-05-04) [2024-07-17]. https://new.nsf.gov/news/nsf-announces-7-new-national-artificial.

② 德国科技创新简报. 2022. 德国政府资助人工智能能力中心. (2022-07-05) [2024-07-17]. http://de.china-embassy.gov.cn/chn/kjcx/dgkjcxjb/202207/t20220705_10715697.htm.

③ 德国科技创新简报. 2023. 德国联邦教研部出台人工智能行动计划. (2023-09-04) [2024-07-17]. http://de.china-embassy.gov.cn/kjcx/dgkjcxjb/202309/t20230904_11137760.htm.

④ Department for Science, Innovation & Technology. 2021. Independent Report AI Roadmap. (2021-01-06) [2024-07-17]. https://www.gov.uk/government/publications/ai-roadmap.

要聚集研究人员、企业、政府部门和民间组织等各方力量，推动人工智能的研究、开发和创新应用部署。

四、强化人工智能动态监管体系建设

1. 美国人工智能监管着重强调公平性和隐私性

2020 年，美国白宫发布《人工智能应用规范指南》①，认为人工智能将在包括制造业在内的众多领域产生积极影响，并且该文件从公平和灵活性等方面提出了建立风险评估与管理规范等人工智能监管性要求，以及建立试点项目和实验等非监管性要求。2022 年 10 月，美国白宫发布《人工智能权利法案蓝图》②，指出要负责任地使用人工智能，提出了避免算法歧视、保护数据隐私和建立安全系统等在内的五项基本原则，旨在避免人工智能系统滥用带来的危害，着重强调了公平性和隐私性。

2. 欧盟对人工智能风险提出管控要求

2021 年 4 月，欧盟委员会出台《人工智能法案》③，这是世界上第一部全面的人工智能法案。该法案基于风险预防理念，为人工智能系统制定了覆盖全过程的风险规制体系。在风险流程监控方面，该法案鼓励建立国家或欧盟层面的监管沙盒，进一步规范处理合法收集的个人数据。在风险防范措施方面，该法案将人工智能系统划分为不可接受风险、高风险、低风险和最小风险四类，着重通过立法规制前两类风险，对高风险人工智能系统的全生命周期监管作了详细规定。

3. 德国厘定人工智能系统测试标准

2020 年 11 月 19 日，由德国联邦教研部和德国工程院资助的"学

---

① The White House. 2020. Guidance for Regulation of Artificial Intelligence Applications. (2020-01) [2024-07-17]. https://www.whitehouse.gov/wp-content/uploads/2020/01/Draft-OMB-Memo-on-Regulation-of-AI-1-7-19.pdf.

② The White House. 2022. Blueprint for an AI Bill of Rights. (2022-10-04) [2024-07-17]. https://www.whitehouse.gov/ostp/ai-bill-of-rights/.

③ European Parliament. 2023. EU AI Act: First Regulation on Artificial Intelligence. (2023-08-06) [2024-07-17]. https://www.europarl.europa.eu/news/en/headlines/society/20230601STO93804/eu-ai-act-first-regulation-on-artificial-intelligence.

习系统平台"（Plattform Lernende Systeme）发布了《人工智能系统认证——可信赖人工智能系统研发和使用指南》白皮书，厘定了测试标准。该白皮书提出了基本标准要求和部分自愿标准，其中基本标准要求包括透明、安全、不受歧视和保护隐私，自愿标准包含用户友好性、可持续性等，通常由独立第三方予以确认。同一 AI 系统在不同应用场景下，可能存在不同的认证要求①。

4. 英国关注人工智能相关专利审查需求

2022 年 9 月 22 日，英国知识产权局（UK Intellectual Property Office，UKIPO）发布《人工智能（AI）发明相关的专利申请审查指南》②及场景实例，规定了英国知识产权局审查人工智能相关发明专利申请的做法，以及审查人工智能专利申请或使用人工智能的法律框架，并明确了人工智能审查过程。

第三节　中国人工智能赋能制造业创新发展现状与问题

一、人工智能赋能制造业创新发展政策体系不断优化，安全与治理体系建设有待完善

（1）推动人工智能和实体经济深度融合的顶层设计不断完善。党的十九大报告指出，加快建设制造强国，加快发展先进制造业，推动互联网、大数据、人工智能和实体经济深度融合，在中高端消费、创

---

① 德国科技创新简报 . 2020. 德国发布"人工智能系统认证——可信赖人工智能系统研发和使用指南"白皮书 . (2020-11-23) [2024-07-17]. http://de.china-embassy.gov.cn/kjcx/dgkjcxjb/202011/t20201123_3160244.htm.

② Intellectual Property Office. 2022. Examining Patent Applications Relating to Artificial Intelligence (AI) Inventions. (2022-09-22) [2024-07-17]. https://www.gov.uk/government/publications/examining-patent-applications-relating-to-artificial-intelligence-ai-inventions.

新引领、绿色低碳、共享经济、现代供应链、人力资本服务等领域培育新增长点、形成新动能。2017 年，《国务院关于印发新一代人工智能发展规划的通知》指出，推动人工智能与各行业融合创新，在制造、农业、物流、金融、商务、家居等重点行业和领域开展人工智能应用试点示范，推动人工智能规模化应用，全面提升产业发展智能化水平。2018 年 10 月 31 日，习近平总书记在中共中央政治局第九次集体学习时强调，加强人工智能和产业发展融合，为高质量发展提供新动能①。

（2）人工智能算力基础设施建设政策体系持续深化。在国家层面，2022 年 8 月，科学技术部和财政部印发的《企业技术创新能力提升行动方案（2022—2023 年）》提出，"推动国家超算中心、智能计算中心等面向企业提供低成本算力服务"；2023 年 10 月，工业和信息化部等六部门印发《算力基础设施高质量发展行动计划》，提出完善算力综合供给体系、提升算力高效运载能力、强化存力高效灵活保障、深化算力赋能行业应用、促进绿色低碳算力发展、加强安全保障能力建设等重点任务。在地方层面，2023 年 5 月，《北京市加快建设具有全球影响力的人工智能创新策源地实施方案》提出，提升算力资源统筹供给能力；2023 年 4 月，《上海市推进算力资源统一调度指导意见》提出，到 2025 年数据中心算力超过 18 000 PFLOPS②；2023 年 5 月，《深圳市加快推动人工智能高质量发展高水平应用行动方案》提出，建设城市级算力统筹调度平台，实现"算力一网化、统筹一体化、调度一站式"。

（3）人工智能示范应用场景建设政策体系加速布局。2019 年 9 月，科学技术部印发《国家新一代人工智能创新发展试验区建设工作指引》，提出开展人工智能技术应用示范，探索促进人工智能与经济社会发展深度融合的新路径。2022 年 7 月，科学技术部等六部门印发《关于加快场景创新以人工智能高水平应用促进经济高质量发展的指导意见》，提出制造领域优先探索工业大脑、机器人协助制造、机器视

---

① 新华社．习近平主持中共中央政治局第九次集体学习并讲话．(2018-10-31)[2024-09-01]．https://www.gov.cn/xinwen/2018/10/31/content_5336251.htm.

② 千万亿次浮点运算每秒 (peta floating point operations per second，PFLOPS)。

觉工业检测、设备互联管理等智能场景。2022 年 8 月，科学技术部印发《关于支持建设新一代人工智能示范应用场景的通知》，提出针对流程制造业、离散制造业工厂中生产调度、参数控制、设备健康管理等关键业务环节，综合运用工厂数字孪生、智能控制、优化决策等技术，在生产过程智能决策、柔性化制造、大型设备能耗优化、设备智能诊断与维护等方面形成具有行业特色、可复制推广的智能工厂解决方案，在化工、钢铁、电力、装备制造等重点行业进行示范应用。

总体而言，人工智能赋能制造业创新发展政策体系不断优化，但人工智能安全与治理政策的缺失制约了人工智能在制造业领域的深入应用。在安全方面，我国尚缺乏人工智能安全相关的纲领性文件，虽有多部文件提及人工智能安全风险，但相关政策对人工智能安全问题及相关道德、伦理等非传统领域的问题仍关注不足。在治理方面，我国人工智能治理标准规范和治理原则等配套性制度的制定与实施相较于产业发展仍存在较大的滞后性，对于人工智能治理问题难以形成有效应对方式和解决措施[①]。例如，国家新一代人工智能治理专业委员会虽于 2019 年与 2021 年分别出台了《新一代人工智能治理原则》与《新一代人工智能伦理规范》，提出应加强人工智能风险监测与评估，但并未对监测与评估主体、方式、对象、责任等具体内容做出规定[②]，人工智能治理体系建设仍难以切实推进。

二、人工智能赋能制造业创新发展能力建设不断增强，关键核心技术突破仍存在制约

（1）加速布局建设算力基础设施。国家互联网信息办公室发布的《数字中国发展报告（2022 年）》显示，截至 2022 年底，我国数据中心机架总规模超过 650 万标准机架，2017～2022 年年均增速超过 30%，

① 何积丰. 2019. 重视人工智能发展中的安全与治理. 信息安全与通信保密，17 (6): 5-8.
② 皮勇，张明诚. 2023. 总体国家安全观视域下人工智能安全风险治理研究. 中国科技论坛，(6): 86-96.

在用数据中心算力总规模超 180 EFLOPS，位居世界第二[①]。2022 年 2 月，国家发展和改革委员会、中央网络安全和信息化委员会办公室、工业和信息化部、国家能源局联合印发文件，将在京津冀地区、长江三角洲、粤港澳大湾区、成渝、内蒙古、贵州、甘肃、宁夏启动建设国家算力枢纽节点，并规划了张家口集群等 10 个国家数据中心集群，标志着全国一体化大数据中心体系完成总体布局设计，"东数西算"工程正式全面启动[②]。专用于人工智能计算的智能计算中心成为新基建热点，截至 2023 年 3 月，国内有超过 30 个城市正在建设或提出建设智能计算中心[③]，这些智能计算中心正在成为人工智能赋能制造业创新发展的新引擎。

（2）人工智能创新能力显著提升。《2021 年全球人工智能创新指数报告》显示，我国人工智能创新水平已经进入世界第一梯队[④]。具体而言，我国人工智能领域论文产出增速显著。据统计，2017 年中国人工智能领域的论文发表总量已超越美国，居于世界首位；2020 年中国人工智能论文数达 5.1 万篇，较同年美国人工智能领域论文数高出 4.3 万篇[⑤]。同时，我国人工智能专利申请量全球领先。清华大学发布的《人工智能发展报告 2020》显示，2011～2020 年我国人工智能领域的专利申请量达到 389 571 件，占全球的 74.7%，位居世界第一，是排名第二的美国的 8.2 倍[⑥]。此外，我国人工智能领域关键核心技术取得局

① 国家互联网信息办公室. 2023. 数字中国发展报告 (2022 年). (2023-05-23) [2024-07-17]. http://www.cac.gov.cn/2023-05/22/c_1686402318492248.htm?eqid=e964285800089bd400000004646 d59f6&eqid=f4dd0bea0001903900000003649016f3.

② 新华社. 2022. 正式启动！"东数西算"工程全面实施. (2022-02-17) [2024-07-17]. https:// www.gov.cn/xinwen/2022-02/17/content_5674322.htm.

③ 谷业凯. 2023-02-06. 智能算力，数字经济新引擎. 人民日报, 19 版.

④ 中国科学技术信息研究所. 2022. 2021 年全球人工智能创新指数报告. (2022-09-01) [2024-07-17]. https://mp.weixin.qq.com/s/sSpAlu5re5tJ8DxLFfs9YA.

⑤ 中金研究院. 2023. 竞争人工智能：从论文突破性看中国人工智能创新水平. (2023-03-29) [2024-07-17]. https://cgi.cicc.com/zh_CN/reports/in-depth-reports/detail/9052?from=34&channelT ype=1.

⑥ 清华大学人工智能研究院. 2021. 人工智能发展报告 (2020). (2021-01-21) [2024-07-17]. https://mp.weixin.qq.com/s/FyU7X7GFTg3myL_S8EU7gg.

部突破，在自主研发 AI 芯片和图形处理器（graphics processing unit, GPU）芯片上取得了一定进展，"龙芯"处理器、华为公司的"麒麟"系列芯片以及腾讯公司的"紫霄""沧海""玄灵"芯片等前沿技术已被实际应用于数据中心、云计算、自动驾驶等重要领域[①]。

（3）工业互联网和人工智能创新平台建设持续强化。一方面，工业互联网平台建设不断完善，为建设工业智能生态提供了重要支撑。截至 2022 年 7 月底，我国"5G+ 工业互联网"建设项目超过 3100 个[②]。根据中国工业互联网研究院发布的《中国工业互联网平台创新发展报告》，截至 2022 年底，全国具有影响力的工业互联网平台已超过 240 家，重点平台连接设备超过 8100 万台（套）[③]。另一方面，聚焦人工智能重点领域，加速布局了一批开放创新平台。2019 年 8 月，科学技术部印发了《国家新一代人工智能开放创新平台建设工作指引》，支持在人工智能重点细分领域建设国家新一代人工智能开放创新平台，陆续发展了阿里云计算有限公司、深圳市腾讯计算机系统有限公司、北京百度网讯科技有限公司、华为技术有限公司、上海依图网络科技有限公司等 15 家企业[④]，分别在城市大脑、医疗影像、自动驾驶、基础软硬件、视觉计算等领域搭建开放创新平台，输出人工智能核心研发能力和服务能力，以促进技术与应用融合，降低传统产业智能化转型升级门槛。

总体而言，我国人工智能在基础设施、创新成果、平台建设等能力建设方面均有显著提升，为制造业创新发展提供了有力支撑。然而，人工智能芯片等关键领域仍亟待突破。一方面，我国人工智能芯片自给率较低，国产 GPU 尚无法支撑前沿人工智能模型对算力的需求。据统计，截至 2020 年 12 月，中国 AI 芯片关键核心技术专利数量为 123

① 赵志君，庄馨予. 2023. 中国人工智能高质量发展：现状、问题与方略. 改革，(9): 11-20.
② 何立峰. 2022. 关于数字经济发展情况的报告. (2022-11-28) [2024-07-17]. https://www.gov.cn/xinwen/2022-11/28/content_5729249.htm.
③ 李芃达. 2023. 工业互联网融合应用向纵深拓展. (2023-05-16) [2024-07-17]. https://www.cnii.com.cn/gyhl/202305/t20230516_470298.html.
④ 综合新华网，浙江科技新闻网. 2019. 人工智能开放创新平台扩容 加速应用场景落地. 今日科技，(10): 11.

个，仅占全球 AI 芯片关键核心技术专利的 5.09%，且在中国 AI 芯片产业全部专利数中的比例低至 0.6%[①]。另一方面，我国大量企业集中布局人工智能专用芯片［如专用集成电路（application specific integrated circuit，ASIC）］研发，但是我国人工智能专用芯片开发的技术门槛参差不齐，国内企业"各自为营"，难以形成"芯片—平台—应用"的生态[②]，无法支撑日益多元的制造业应用场景。

三、人工智能赋能制造业创新发展应用水平不断提升，技术落地性与扩展性亟须强化

（1）人工智能在制造业领域的应用率与普及率持续上升。我国制造业企业已广泛建立了新型数字化车间和智能工厂[③]。截至 2023 年 7 月，我国已累计建成数字化车间和智能工厂近 8000 个，其中达到智能制造能力成熟度 2 级以上水平的智能工厂超过 2500 个[④]。以"灯塔工厂"为例，截至 2023 年 1 月，世界经济论坛（World Economic Forum，WEF）遴选出的 132 家"灯塔工厂"有 50 家在中国，数量居于全球首位[⑤]。此外，智能装备应用率持续提升。工业和信息化部数据显示，2022 年我国智能制造装备国内市场满足率已超过 50%[⑥]；截至 2023 年 7 月，我国智能制造装备产业规模超过 3.2 万亿元[⑦]。根据预测，2027 年

---

① 陈旭，江瑶，熊焰，等 . 2023. 关键核心技术"卡脖子"问题的识别及应用：以 AI 芯片为例 . 中国科技论坛，(9): 17-27.

② 德勤企业管理咨询公司 . 2021. 2021 年制造业 + 人工智能创新应用发展报告 . (2021-10-16) [2024-07-17]. https://www2.deloitte.com/cn/zh/pages/energy-and-resources/articles/manufacturing-artificial-intelligence-innovation-application-development-report.html.

③ 工业和信息化部 . 2022. "新时代工业和信息化发展"系列发布会第一场 . (2022-07-26) [2024-07-17]. https://www.miit.gov.cn/gzcy/zbft/art/2022/art_0721f065d9c4417289997a248f8db2f2.html.

④ 新华社 . 2023. 我国已建设数字化车间和智能工厂近 8000 个 . (2023-07-19) [2024-07-17]. https://www.gov.cn/lianbo/bumen/202307/content_6893032.htm.

⑤ 何曦悦，马姝瑞，汪海月 . 2023. "灯塔工厂"点亮"未来制造" . (2023-09-08) [2024-07-17]. http://www.xinhuanet.com/tech/20230908/59328f1092594ffca66117feee145324/c.html.

⑥ 工业和信息化部 . 2022. "新时代工业和信息化发展"系列新闻发布会第六场 . (2022-09-09) [2024-07-17]. https://www.miit.gov.cn/gzcy/zbft/art/2022/art_70337b64b11d45139460e9d2e1b034c9.html.

⑦ 申佳平 . 2023. 工信部：我国智能制造装备产业规模超 3.2 万亿元 . (2023-07-11) [2024-07-17]. http://finance.people.com.cn/n1/2023/0711/c1004-40033053.html.

我国智能制造行业市场规模将达到 6.6 万亿元，其中智能制造装备市场规模约达到 5.4 万亿元[①]。

（2）人工智能应用向多元场景纵深发展。随着工业级场景需求不断升级，计算机视觉、数字孪生、边缘计算与分布式智能等人工智能技术在制造业得到深入应用，工业数字孪生、人机交互研发设计、智能中枢、共享制造等新场景蓬勃兴起。在上汽通用汽车有限公司的武汉奥特能超级工厂，由上汽通用工程制造团队与国内顶尖人工智能企业共同开发的"机器人、3D 点云视觉、力控感知"技术融合应用成功落地[②]。智能预测维护维修、智能计划排产、智能质量控制是我国制造业人工智能应用的主要场景，据德勤企业管理咨询公司预测，到 2025 年，这三类人工智能应用场景的市场规模将从 2018 年的 2.3 亿元、1.8 亿元、1.5 亿元分别增长至 42.7 亿元、29.7 亿元、23.2 亿元，年复合增长率分别达到 49%、52%、51%[③]。

总体而言，人工智能在制造业领域已得到广泛应用。然而，目前人工智能算法、模型、解决方案等关键技术应用仍存在落地性与扩展性较差的问题。一方面，传统算法对制造业场景的支撑不足，通用计算架构难以有效应用于具体产业实践。工业场景对端侧推理需求和实时性计算的要求日益提升，现有算法与通用计算架构难以满足日益增长的专业需求与高水平计算要求，限制了人工智能对制造业的深度赋能；另一方面，目前中国人工智能技术解决方案以定制化为主，扩展性与可复制性较差。以机器学习模型而言，其依赖大量的专有业务数据，而企业或应用场景存在工业设备、产品的差异化与任务的多样性[④]，机器学

① 郭梦 . 2024. 2024 年智能制造产业现状及未来发展趋势分析 . (2024-05-21) [2024-07-17]. https://www.chinairn.com/news/20240521/104404891.shtml.

② 王政 . 2023-03-15. 人工智能产业迎来发展新机遇 . 人民日报，18 版 .

③ 德勤企业管理咨询公司 . 2021. 2021 年制造业＋人工智能创新应用发展报告 . (2021-10-16) [2024-07-17]. https://www2.deloitte.com/cn/zh/pages/energy-and-resources/articles/manufacturing-artificial-intelligence-innovation-application-development-report.html.

④ 德勤企业管理咨询公司 . 2021. 2021 年制造业＋人工智能创新应用发展报告 . (2021-10-16) [2024-07-17]. https://www2.deloitte.com/cn/zh/pages/energy-and-resources/articles/manufacturing-artificial-intelligence-innovation-application-development-report.html.

习模型的复制推广不仅面临高昂的成本约束，还存在数据标准不统一、模型不兼容等多方面的制约。

四、人工智能赋能制造业创新发展人才队伍不断壮大，领军型与复合型人才相对不足

（1）人工智能人才规模大幅增长。据中国劳动和社会保障科学研究院编写的《中国人工智能人才发展报告（2022）》统计，2022 年我国人工智能领域产业人才存量约 94.88 万人，其中本科及以上学历占比超过 77.6%[1]。从全球层面看，入选全球顶尖人工智能领域会议神经信息处理系统大会（Conference on Neural Information Processing Systems，NeurIPS）口头汇报的论文作者中，中国人工智能研究人员占比从 2019 年的 29% 跃升至 2022 年的 47%[2]。清华大学建立的新一代科技情报分析与挖掘平台 Aminer 团队联合北京智源研究院、清华－中国工程院知识智能联合研究中心共同发布的 2022 年人工智能全球最具影响力学者榜单中，中国共有 232 人次入选，全球占比 11.6%[3]。

（2）人工智能人才培养力度不断加强。教育部网站公布的《2021 年度普通高等学校本科专业备案和审批结果》显示，我国高校新增专业点中（含审批专业）人工智能专业增加数量最多，为 95 个；其次为智能制造工程（53 个）、大数据管理与应用（42 个）、数字经济（41 个）[4]。

① 黄蕙昭 . 2023. 报告：中国 AI 产业人才存量近百万，顶级人才紧缺 . (2023-04-14) [2024-07-17]. https://www.caixin.com/2023-04-14/102018737.html?originReferrer=caixinzhihu.

② MacroPolo 智库 . 2024.《全球人工智能人才追踪报告 2.0》：75% 顶尖 AI 人才来自美中两国 . (2024-03-19) [2024-07-17]. https://mp.weixin.qq.com/s?__biz=MzA3NDI1NDk3Mg==&mid=2650145922&idx=1&sn=224f3054af28fe929f7d0f048ab5f5f5&chksm=87003b91b077b287810cec0146f2fc86a1b4285858c0b4fc3f62c283f5dfa2f6520324d191d0&scene=27.

③ 智谱·AI，清华大学人工智能研究院知识智能中心，清华－中国工程院知识智能联合研究中心 . 2022. 2022 年全球最具影响力人工智能学者 (AI 2000) 分析报告 . (2022-03-11) [2024-03-19]. https://max.book118.com/html/2022/0310/5324044204004200.shtm.

④ 中华人民共和国教育部 . 2022. 2021 年度普通高等学校本科专业备案和审批结果 . (2022-02-28) [2024-07-17]. http://www.moe.gov.cn/srcsite/A08/moe_1034/s4930/202202/W020220228600206028276.pdf.

截至 2022 年，全国先后已有 4 批共计 440 所高校获批设立人工智能专业，占 1270 所本科高校的 34.6%[①]。工业和信息化部发布的《中国数字经济发展指数报告（2022）》中，以数字人才培养高校和专业数量为评价指标的数字人才指数从 2013 年的 1000 增长至 2021 年的 6440.46[②]，增长了 5.44 倍。

总体来看，中国人工智能领域人才队伍不断壮大，但仍存在领军型与复合型人才相对不足的问题。首先，我国缺乏人工智能行业领军型人才。据统计，1966～2021 年，"图灵奖"（Turing Award）获奖者共 75 名，我国仅有 1 名学者获奖。其次，人工智能领域复合型人才不足。根据《全球工业互联网创新发展报告》，目前我国工业互联网领域人工智能、数据挖掘和分析等高技术复合型人才极为紧缺[③]。最后，我国人工智能领域人才培养体系也有待优化，现有课程设置、实训体系与具体产业应用场景的结合还不紧密，尚未形成完善的产教融合人才培养模式。

第四节　中国人工智能赋能制造业创新发展政策取向

一、强化人工智能赋能制造业创新发展的技术系统能力建设

（1）实施"人工智能赋能制造业创新能力建设"重大专项，强化

① 黄蕙昭. 2023. 报告：中国 AI 产业人才存量近百万，顶级人才紧缺. (2023-04-14) [2024-07-17]. https://www.caixin.com/2023-04-14/102018737.html?originReferrer=caixinzhihu.
② 工信部，零壹智库. 2022. 工信部 & 零壹智库：《2022 中国数字经济发展指数报告》（全文）. (2022-10-13) [2024-03-20]. http://www.100ec.cn/detail--6619123.html.
③ 鲁春丛. 2022. 全球工业互联网创新发展报告. (2022-11-07) [2024-03-30]. https://www.china-aii.com/jgdt/5703773.jhtml.

人工智能赋能制造业技术创新体系与战略高技术设施平台建设。围绕人工智能开源软硬件、自主无人系统、人工智能基础数据与安全检测等重点领域，建设以相关领域国家实验室为核心，以全国重点实验室、国家技术创新中心、国家工程研究中心、国家制造业创新中心和国家企业技术中心为支撑的制造业数字转型技术创新体系，加快建设人工智能赋能制造业重大科技基础设施与条件平台，夯实人工智能赋能制造业物质技术基础。

（2）实施"人工智能赋能制造业创新发展专项"，推进人工智能赋能制造业前沿引领技术创新和关键核心技术攻关。支持数字赋能制造业发展范式变革愿景驱动下人工智能技术预见和技术路线图研究，推进工业认知智能、工业操作系统、工业元宇宙、工业软件、大规模异构互联、智能调控等重大技术系统攻关。

二、强化人工智能赋能制造业创新发展的标准引领能力建设

（1）实施人工智能赋能制造业技术标准重大专项，健全人工智能赋能制造业标准化技术组织和工作体系，推进人工智能赋能"研发设计、中试验证、生产制造、营销服务、运营管理"等制造业全流程标准化。围绕智能工厂、智慧供应链建设中智能化技术要求，开展工业知识表达、工业知识图谱构建、工业场景大模型等标准研制，规范信息感知、自主控制、系统协同、个性化定制、检测维护、过程优化等方面的技术要求，优先针对智能工业机器人、工业物联网发展需求，推动机器末端接口标准化，推进人工智能在制造领域的融合与应用，提升制造业智能化、数字化和绿色化发展水平。

（2）推进人工智能赋能制造业标准化国际合作。支持中国科技领军企业和相关领域国家科研机构加入国际标准组织，参与人工智能赋能制造业创新发展的标准化活动，承担技术委员会国内技术对口单位功能或重要工作组召集人功能，牵头或者参与制定关键技术国际标准和标准体系，以标准引领制造业创新能力建设和国际竞争力提升。

三、强化人工智能赋能制造业创新发展的场景创造能力建设

（1）实施人工智能赋能制造业创新发展的场景创造重大工程，支持覆盖产品"研发、设计、制造、销售和服务"全生命周期的制造领域人工智能应用场景创造，以场景创造驱动技术系统迭代升级。依托国家新一代人工智能创新发展试验区、国家人工智能创新应用先导区等，开发场景创造关键技术系统（平台），在智能机器人、智能汽车、智能音箱、可穿戴设备、虚拟现实等领域，支持创新主体联合开发工业大脑、机器人协助制造、机器视觉工业检测、设备互联管理等标杆示范应用场景，提升场景创造能力。

（2）实施人工智能赋能制造业创新发展场景创造数据基础设施平台建设工程，提升相关行业大样本数据库质量和开放共享水平，为场景创造提供数据支持。采用区块链、隐私计算等新技术，加强人工智能赋能制造业创新发展应用场景数据集聚，建设一批典型应用场景的高质量公共训练数据集／数据库，提供知识图谱、算法训练、产品优化等共性服务，推动人工智能数据资源开放共享。

四、强化人工智能赋能制造业创新发展的人才培养能力建设

（1）强化制造相关领域科技领军企业、国家科研机构等国家战略科技力量的人才集聚培养的主体责任。建立重大专项（工程）任务实施和基础设施平台建设过程中人才涌现机制，聚焦人工智能赋能制造业创新发展重点领域和关键环节，培养人工智能赋能制造业转型升级科技领军人才和青年后备军。在科研方向、团队组建、经费使用等方面给予更多自主权，为人才涌现提供坚实的事业发展支撑。

（2）建立"央地协同"的人工智能赋能制造业转型升级的人才发展和激励机制。开展人工智能赋能制造业人才"育、引、留、用"专项行动，不断完善人才发展机制和人才激励政策，强化重大专项（工程）任务实施和基础设施平台建设的人才发展高地功能，强化区域制

造业数字转型示范区（园区）的人才孵育成长的基地功能，加大人工智能赋能制造业人才奖励力度，强化人工智能赋能制造业转型升级国际化发展力度。

五、强化人工智能赋能制造业创新发展的风险治理能力建设

（1）建立健全人工智能赋能制造业的风险治理法律法规体系。在制定人工智能治理原则、伦理规范、法规条例等基础上，围绕人工智能数据、算法、系统等重点环节，系统完善人工智能风险治理的宏观法律体系，划定风险责任归属与合同约束，提升人工智能风险治理水平。

（2）开展人工智能赋能制造业转型升级风险监管试点。建立健全人工智能风险等级体系，合理审慎地监管人工智能软件、工具、算力和数据资源，收集数据违法、侵犯知识产权、生成虚假信息等行为；鼓励制造企业开展数据安全和算法模型安全管理认证，提升人工智能赋能制造业转型升级的应用安全性，规范技术治理，形成安全有序的发展格局。

第二章

中国制造业创新发展绩效评估

第一节　制造业创新发展绩效内涵

　　制造业作为实体经济的基础，是立国之本、强国之基，是构筑国家未来发展战略优势的重要支撑。创新是制造业的发展核心，以创新为第一动力、以智能制造为主攻方向的制造业创新发展，是全面提高制造业核心竞争力和塑造未来发展新动能、新优势的重要途径。2009年，中国科学院创新发展研究中心提出创新发展的定义[①]：创新发展是创新驱动的发展，既体现了创新促进经济、社会发展的结果，也体现了科技创新能力自身的演进。制造业创新发展关注创新驱动制造业的发展，体现制造业创新发展能力的构建与提升。

　　制造业创新发展由制造业创新发展绩效表征，制造业创新发展绩效从制造业创新能力和制造业创新发展两个方面进行评估。制造业创新能力是指制造业在一定发展环境和条件下，从事技术发明、技术扩散、技术成果商业化等活动，实现节能、降耗、减排和获取经济收益的能力[②]。制造业创新能力建设是推动制造业向价值链中高端跃升，增强制造业核心竞争力和促进制造业绿色可持续发展的重要着眼点。制造业创新发展是指制造业在一定发展环境和条件下，自身科学技术的

[①]　中国科学院创新发展研究中心.2009.2009中国创新发展报告.北京：科学出版社.
[②]　中国科学院创新发展研究中心.2009.2009中国创新发展报告.北京：科学出版社.

发展以及对经济和环境发展的带动，体现了制造业创新能力建设在促进经济和环境发展方面的重要作用。制造业创新发展监测是识别制造业创新发展面临问题以及评估制造业创新发展成效的重要手段。

第二节　制造业创新发展绩效测度方法

一、制造业创新发展绩效评估框架

制造业创新发展绩效通过制造业创新能力指数和制造业创新发展指数来衡量，制造业创新能力指数由制造业创新实力指数和制造业创新效力指数构成，反映中国制造业不同行业在创新投入、创新条件、创新产出、创新影响等方面的特点和演进趋势。制造业创新发展指数由科技发展指数、经济发展指数和环境发展指数构成，反映中国制造业不同行业科技发展水平及其对经济、环境发展的带动作用（图 2-1）。

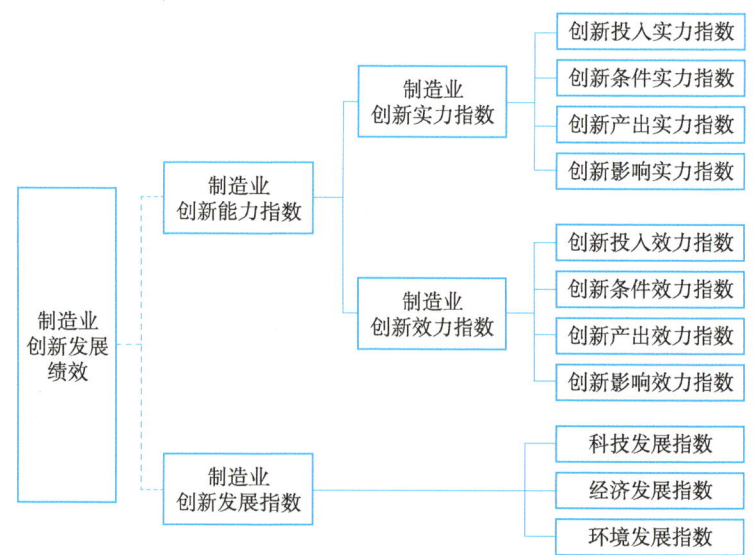

图 2-1　制造业创新发展绩效评估框架

二、制造业创新能力指数

制造业创新能力评价指标体系从创新实力和创新效力两个方面表征制造业创新能力，涉及创新投入、创新条件、创新产出、创新影响四个方面。该指标体系包括 2 个一级指标、8 个二级指标、31 个三级指标。制造业创新实力指数主要反映制造业创新活动规模，涉及创新投入实力、创新条件实力、创新产出实力、创新影响实力四个方面的 13 个总量指标；制造业创新效力指数主要反映制造业创新活动效率和效益，涉及创新投入效力、创新条件效力、创新产出效力、创新影响效力四个方面的 18 个均量指标，如表 2-1 所示。

表 2-1　制造业创新能力评价指标体系

一级指标		二级指标		三级指标	
指标名称	权重	指标名称	权重	指标名称	权重
创新实力指数	0.5	创新投入实力指数	0.2	R&D（研究与开发）人员全时当量	0.4
				R&D 经费内部支出	0.4
				消化吸收经费	0.2
		创新条件实力指数	0.2	企业办研发机构仪器和设备原价	0.2
				企业办研发机构数	0.3
				发明专利拥有量	0.3
				企业办研发机构人员数	0.2
		创新产出实力指数	0.3	发明专利申请量	0.6
				实用新型和外观设计专利申请量	0.4
		创新影响实力指数	0.3	专利所有权转让及许可收入	0.4
				利润总额	0.15
				新产品出口	0.2
				新产品销售收入	0.25
创新效力指数	0.5	创新投入效力指数	0.2	R&D 人员全时当量占从业人员比例	0.4
				R&D 经费内部支出占主营业务收入比例	0.3
				有 R&D 活动的企业占全部企业比例	0.15
				消化吸收经费与技术引进经费比例	0.15

续表

一级指标		二级指标		三级指标	
指标名称	权重	指标名称	权重	指标名称	权重
创新效力指数	0.5	创新条件效力指数	0.2	单位企业办研发机构数对应的企业办研发机构仪器和设备原价	0.2
				单位企业办研发机构人员数对应的企业办研发机构仪器和设备原价	0.3
				企均有效发明专利数	0.2
				设立研发机构的企业占全部企业的比例	0.3
		创新产出效力指数	0.3	每万名 R&D 人员全时当量发明专利申请量	0.3
				每亿元 R&D 经费发明专利申请量	0.3
				每万名 R&D 人员全时当量实用新型和外观设计专利申请量	0.2
				每亿元 R&D 经费实用新型和外观设计专利申请量	0.2
		创新影响效力指数	0.3	单位能耗对应的利润总额	0.2
				单位从业人员利润	0.15
				新产品出口与新产品销售收入比例	0.1
				新产品开发支出与新产品销售收入比例	0.2
				新产品销售收入占主营业务收入比例	0.15
				每万名 R&D 人员全时当量专利所有权转让及许可收入	0.2

资料来源:《工业企业科技活动统计年鉴》(2014~2016 年)、《企业研发活动情况统计资料》(2016~2019 年)、《企业研发活动情况统计年鉴》(2021~2022 年)、《中国统计年鉴》(2014~2022 年)、《中国工业统计年鉴》(2014~2017 年、2020~2022 年)、《中国能源统计年鉴》(2014~2022 年)。

注:指数(指标)权重依据专家赋权确定。

三、制造业创新发展指数

　　制造业创新发展评价指标体系从科技发展指数、经济发展指数和环境发展指数三个方面表征制造业创新发展水平。指标体系包括 3 个一级指标、11 个二级指标。制造业科技发展指数主要反映制造业科技发展水平；制造业经济发展指数主要反映制造业创新驱动经济发展水平；制造业环境发展指数主要反映制造业绿色低碳发展水平，如表2-2所示。

表2-2 制造业创新发展评价指标体系

一级指标		二级指标	
指标名称	权重	指标名称	权重
科技发展指数	0.4	企业办研发机构人员数中博士占比	0.3
		单位主营业务收入发明专利申请数	0.3
		单位主营业务收入实用新型和外观设计专利申请数	0.1
		企业办研发机构人员数对应的有效发明专利数	0.3
经济发展指数	0.3	利润总额与主营业务收入比例	0.3
		单位从业人员主营业务收入	0.3
		在实现产品创新企业中有国际市场新产品的企业占比	0.2
		新产品（仅国际市场新的产品）销售收入占主营业务收入的比重	0.2
环境发展指数	0.3	单位能耗对应的利润总额	0.4
		单位氨氮排放量对应的利润总额	0.3
		单位二氧化硫排放量对应的利润总额	0.3

资料来源：《工业企业科技活动统计年鉴》（2014～2016年）、《企业研发活动情况统计资料》（2016～2019年）、《企业研发活动情况统计年鉴》（2021～2022年）、《中国统计年鉴》（2014～2022年）、《中国工业统计年鉴》（2014～2017年、2020～2022年）、《中国能源统计年鉴》（2014～2022年）、《中国环境统计年鉴》（2014～2022年）、《全国企业创新调查年鉴》（2014年、2017～2022年）。

注：指数（指标）权重依据专家赋权确定。

四、计算方法和数据来源

制造业创新能力指数和制造业创新发展指数按照制造业创新能力评价指标体系和制造业创新发展评价指标体系，利用数据标准化方法及加权求和法，对有关数据进行加权汇总计算得来，反映了制造业在2013～2021年的创新能力和创新发展情况。在数据标准化处理时，本书结合指标发展趋势分析和专家判断来选取标准化参考值，这不仅使制造业创新能力指数和制造业创新发展指数具有历史可比性，而且使这些指数未来几年的监测结果与之前的监测结果也具有可比性。

本书采用的数据均来源于公开出版的统计年鉴，主要包括《工业企业科技活动统计年鉴》（2014～2016 年）、《企业研发活动情况统计资料》（2016～2019 年）《企业研发活动情况统计年鉴》（2021～2022 年）、《中国统计年鉴》（2014～2022 年）、《中国工业统计年鉴》（2014～2017 年、2020～2022 年）、《中国能源统计年鉴》（2014～2022 年）、《中国环境统计年鉴》（2014～2022 年）、《全国企业创新调查年鉴》（2014 年、2017～2022 年）。本书采用的数据统计口径主要为大中型工业企业，其中《全国企业创新调查年鉴》数据统计口径为规模以上工业企业，《中国环境统计年鉴》数据统计口径为工业行业整体数据。

2013～2016 年，按照《统计上大中小微型企业划分办法》（国统字〔2011〕75 号），大中型工业企业指满足年末从业人员人数在 300 人及以上、年主营业务收入在 2000 万元及以上的工业企业；大型企业指满足年末从业人员人数在 1000 人及以上、年主营业务收入在 4 亿元及以上的工业企业；中型企业指满足年末从业人员人数在 300 人（含）至 1000 人（不含）并且年主营业务收入在 2000 万元（含）至 4 亿元（不含）的工业企业。2017～2021 年，按照《统计上大中小微型企业划分办法》（国统字〔2017〕213 号），大中型企业指满足年末从业人员人数在 300 人及以上、年主营业务收入在 2000 万及以上的工业企业；大型企业指满足年末从业人员人数在 1000 人及以上、年主营业务收入在 4 亿元及以上的工业企业；中型企业指年末从业人员人数在 300 人（含）至 1000 人（不含）并且年主营业务收入在 2000 万元（含）至 4 亿元（不含）的工业企业。2013～2021 年，规模以上工业企业的统计范围均为年主营业务收入在 2000 万元及以上的工业法人单位。

制造业创新发展绩效评价对象为制造业 30 个细分行业，包括"电气机械和器材制造业""纺织服装、服饰业""纺织业""非金属矿物制品业""废弃资源综合利用业""黑色金属冶炼和压延加工业""化学纤维制造业""化学原料和化学制品制造业""计算机、通信和其他电子设备制造业""家具制造业""金属制品、机械和设备修理业""金属制品业""酒、饮料和精制茶制造业""木材加工和木、竹、藤、棕、草制品业""农副食品加工业""皮革、毛皮、羽毛及其制品和制鞋业""汽车制造业""石油、煤炭和其他燃料加工业""食品制造业""铁路、船舶、航空航天和其他运输设备制造业""通用设备制造业""文教、工美、体育和娱乐用品制造业""橡胶和塑料制品业""医药制造业""仪器仪表制造业""印刷和记录媒介复制业""有色金属冶炼和压延加工业""造纸和纸制品业""专用设备制造业""其他制造业"①。由于"烟草制品业"性质特殊，无法用本指标体系体现其行业创新能力，故本书未对"烟草制品业"进行创新发展绩效评价。

第三节　中国制造业创新发展格局分析

一、制造业创新能力指数分析

2021年，中国制造业创新能力指数总体表现较好（图2-2）。创新能力指数得分排名前10位的行业继续以知识和技术密集型产业为主，但与2020年相比，部分行业排名有略微变化。2021年，中国制造业创新能力指数排名前10位的行业依次是"计算机、通信和其他电子设备制造业""电气机械和器材制造业""汽车制造业""专用设备制造业""医

---

① 《国民经济行业分类与代码》自1984年发布以来，随着我国产业结构的调整及对外开放的扩大等需要，现已经过了四次修订，分别是1994年、2002年、2011年和2017年。根据国家统计局通知：《国民经济行业分类》(GB/T 4754—2017) 国家标准第1号修改单已经国家标准化管理委员会于2019年3月25日批准，自2019年3月29日起实施。本书数据范围为2013～2021年，采用《国民经济行业分类》(GB/T 4754—2017)。从2012年起，国家统计局执行《国民经济行业分类标准》(GB/T 4754—2011)，原来的工业行业大类由39个调整为41个。本书在对比GB/T 4754—2011与GB/T 4754—2002的基础上，结合行业具体细分科目的改变、数据的可得性等情况，综合选取了30个行业进行分析。

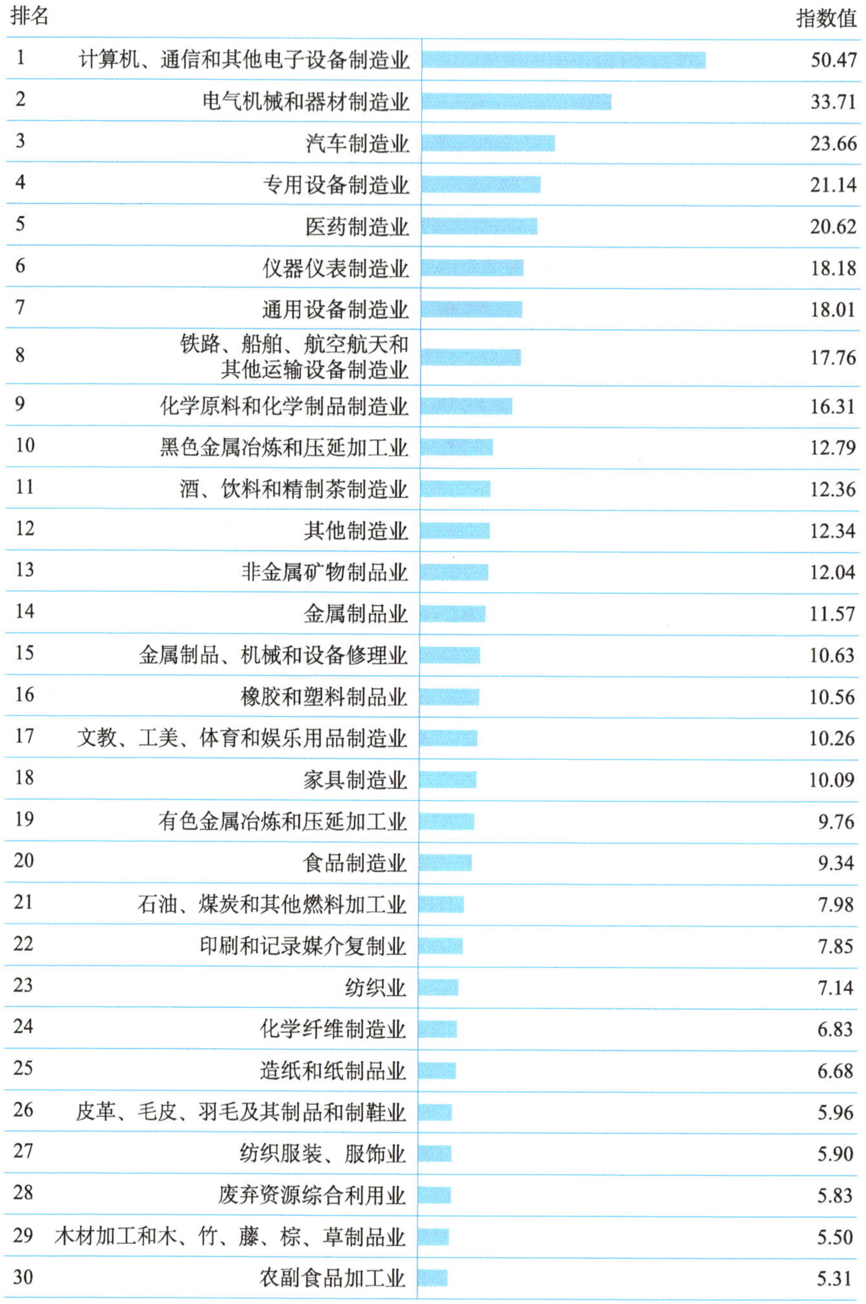

排名		指数值
1	计算机、通信和其他电子设备制造业	50.47
2	电气机械和器材制造业	33.71
3	汽车制造业	23.66
4	专用设备制造业	21.14
5	医药制造业	20.62
6	仪器仪表制造业	18.18
7	通用设备制造业	18.01
8	铁路、船舶、航空航天和其他运输设备制造业	17.76
9	化学原料和化学制品制造业	16.31
10	黑色金属冶炼和压延加工业	12.79
11	酒、饮料和精制茶制造业	12.36
12	其他制造业	12.34
13	非金属矿物制品业	12.04
14	金属制品业	11.57
15	金属制品、机械和设备修理业	10.63
16	橡胶和塑料制品业	10.56
17	文教、工美、体育和娱乐用品制造业	10.26
18	家具制造业	10.09
19	有色金属冶炼和压延加工业	9.76
20	食品制造业	9.34
21	石油、煤炭和其他燃料加工业	7.98
22	印刷和记录媒介复制业	7.85
23	纺织业	7.14
24	化学纤维制造业	6.83
25	造纸和纸制品业	6.68
26	皮革、毛皮、羽毛及其制品和制鞋业	5.96
27	纺织服装、服饰业	5.90
28	废弃资源综合利用业	5.83
29	木材加工和木、竹、藤、棕、草制品业	5.50
30	农副食品加工业	5.31

图 2-2　中国制造业创新能力指数（2021 年）

药制造业""仪器仪表制造业""通用设备制造业""铁路、船舶、航空航天和其他运输设备制造业""化学原料和化学制品制造业""黑色金属冶炼和压延加工业"。其中，"计算机、通信和其他电子设备制造业"作为典型的技术密集型产业，2021年创新能力指数得分为50.47，该行业在2013~2021年的排名始终是第一；"电气机械和器材制造业""汽车制造业""专用设备制造业"相较于2020年，排名未发生变化；"铁路、船舶、航空航天和其他运输设备制造业"的排名由2020年的第五位下降到第八位。

2021年，中国制造业创新能力指数排名在第11~20位的行业多集中于劳动密集型产业，依次为"酒、饮料和精制茶制造业""其他制造业""非金属矿物制品业""金属制品业""金属制品、机械和设备修理业""橡胶和塑料制品业""文教、工美、体育和娱乐用品制造业""家具制造业""有色金属冶炼和压延加工业""食品制造业"。这些行业创新能力指数得分差距不大，第11位"酒、饮料和精制茶制造业"与第20位"食品制造业"的创新能力指数值别是12.36和9.34，差值为3.02。

2021年，中国制造业创新能力指数排名后10位的行业以传统制造业为主，依次为"石油、煤炭和其他燃料加工业""印刷和记录媒介复制业""纺织业""化学纤维制造业""造纸和纸制品业""皮革、毛皮、羽毛及其制品和制鞋业""纺织服装、服饰业""废弃资源综合利用业""木材加工和木、竹、藤、棕、草制品业""农副食品加工业"。这些制造业创新能力指数得分均在10以下，第21位"石油、煤炭和其他燃料加工业"和第30位"农副食品加工业"创新能力指数差值为2.67。

二、制造业创新发展指数分析

2021年，中国制造业创新发展指数排名总体表现较好（图2-3）。创新发展指数得分排名前10位的行业多集中于知识和技术密集型产业，依次是"仪器仪表制造业""医药制造业""计算机、通信和其他电子设备制造业""专用设备制造业""电气机械和器材制造业""铁路、船舶、

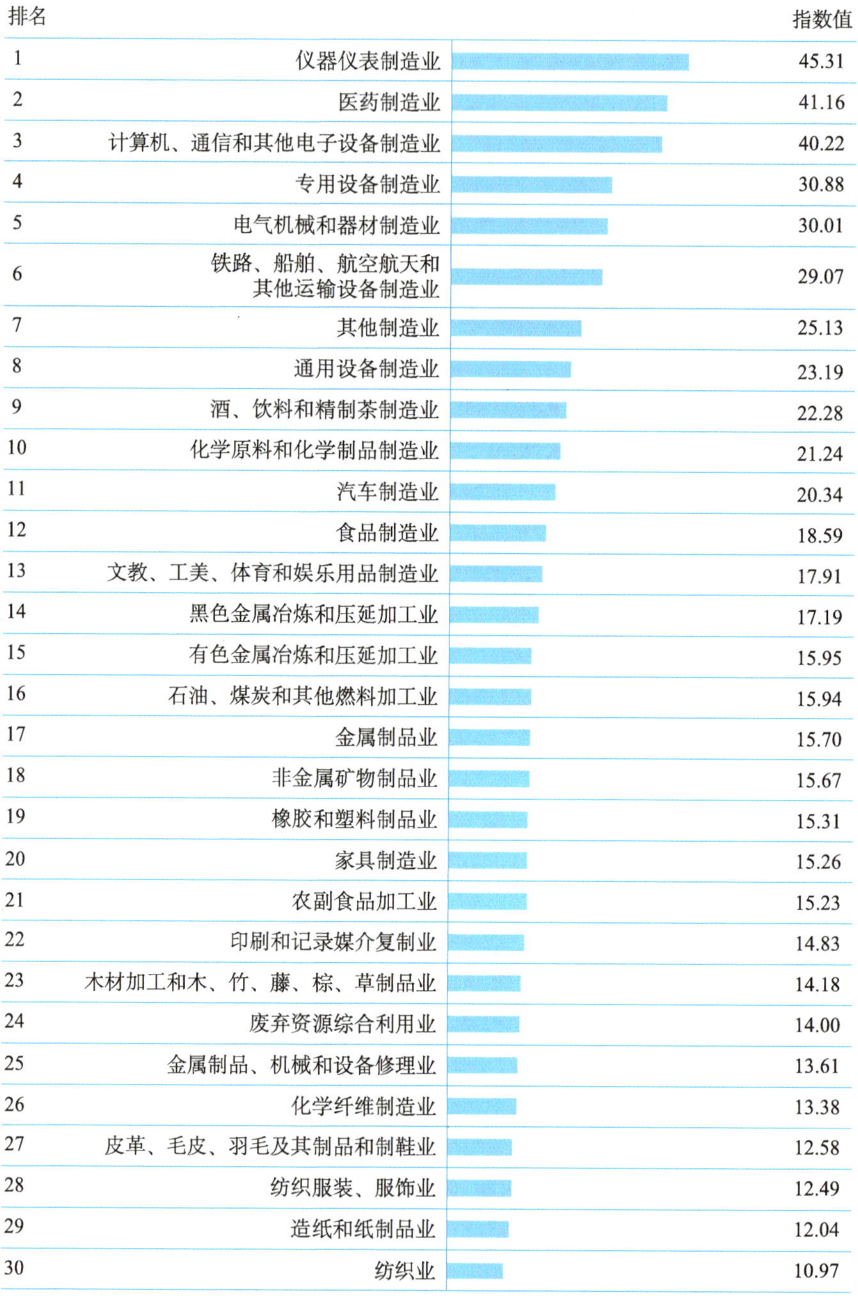

排名		指数值
1	仪器仪表制造业	45.31
2	医药制造业	41.16
3	计算机、通信和其他电子设备制造业	40.22
4	专用设备制造业	30.88
5	电气机械和器材制造业	30.01
6	铁路、船舶、航空航天和其他运输设备制造业	29.07
7	其他制造业	25.13
8	通用设备制造业	23.19
9	酒、饮料和精制茶制造业	22.28
10	化学原料和化学制品制造业	21.24
11	汽车制造业	20.34
12	食品制造业	18.59
13	文教、工美、体育和娱乐用品制造业	17.91
14	黑色金属冶炼和压延加工业	17.19
15	有色金属冶炼和压延加工业	15.95
16	石油、煤炭和其他燃料加工业	15.94
17	金属制品业	15.70
18	非金属矿物制品业	15.67
19	橡胶和塑料制品业	15.31
20	家具制造业	15.26
21	农副食品加工业	15.23
22	印刷和记录媒介复制业	14.83
23	木材加工和木、竹、藤、棕、草制品业	14.18
24	废弃资源综合利用业	14.00
25	金属制品、机械和设备修理业	13.61
26	化学纤维制造业	13.38
27	皮革、毛皮、羽毛及其制品和制鞋业	12.58
28	纺织服装、服饰业	12.49
29	造纸和纸制品业	12.04
30	纺织业	10.97

图 2-3　中国制造业创新发展指数（2021 年）

航空航天和其他运输设备制造业""其他制造业""通用设备制造业""酒、饮料和精制茶制造业""化学原料和化学制品制造业"。其中,"仪器仪表制造业"以45.31的指数值领先于其他行业。

2021年,中国制造业创新发展指数排名在第11～20位的行业多集中于传统制造业,依次是"汽车制造业""食品制造业""文教、工美、体育和娱乐用品制造业""黑色金属冶炼和压延加工业""有色金属冶炼和压延加工业""石油、煤炭和其他燃料加工业""金属制品业""非金属矿物制品业""橡胶和塑料制品业""家具制造业"。这些行业的创新发展指数得分基本在15.26～20.34,第11位"汽车制造业"与第20位"家具制造业"的创新发展指数值分别是20.34和15.26,差值为5.08。

2021年,中国制造业创新发展指数排名后10位的行业依次是"农副食品加工业""印刷和记录媒介复制业""木材加工和木、竹、藤、棕、草制品业""废弃资源综合利用业""金属制品、机械和设备修理业""化学纤维制造业""皮革、毛皮、羽毛及其制品和制鞋业""纺织服装、服饰业""造纸和纸制品业""纺织业"。2013～2021年,这10类行业除"废弃资源综合利用业"和"化学纤维制造业"的创新发展指数的排名和得分出现双增长外,多数制造业的排名和得分均有所下降,其中"木材加工和木、竹、藤、棕、草制品业""皮革、毛皮、羽毛及其制品和制鞋业"排名下降趋势尤为明显。

三、中国制造业创新发展格局

本书依据创新能力指数和创新发展指数排名对中国制造业进行分类,总体分为A类、B类、C类、D类四类。A类为创新能力指数和创新发展指数排名均处于前50%的制造业,为创新发展领先型产业;B类为创新能力指数排名处于前50%、创新发展指数排名处于后50%的制造业,为创新能力先进型产业;C类为创新能力指数排名处于后50%、创新发展指数排名处于前50%的制造业,为创新发展先进型产业；D类为创新能力指数和创新发展指数排名均处于后50%的制造业，为创新发展追赶型产业。

2013年，A类创新发展领先型产业有"计算机、通信和其他电子设备制造业"（1，1）[①]、"电气机械和器材制造业"（2，5）、"汽车制造业"（4，9）、"医药制造业"（7，2）、"通用设备制造业"（6，12）、"专用设备制造业"（3，4）、"铁路、船舶、航空航天和其他运输设备制造业"（8，11）、"仪器仪表制造业"（5，3）、"文教、工美、体育和娱乐用品制造业"（10，7）、"其他制造业"（13，13），多集中于技术密集型产业，其创新能力指数和创新发展指数均表现良好，创新能力与创新发展水平相匹配。从单位从业人员利润的角度来看（图2-4），"汽车制造业""医药制造业"的单位从业人员利润超过10万元/人，分别为14.10万元/人和10.32万元/人，其余8类制造业的单位从业人员利润均未超过10万元/人，其中"计算机、通信和其他电子设备制造业""铁路、船舶、航空航天和其他运输设备制造业""文教、工美、体育和娱乐用品制造业""其他制造业"低于5万元/人。从利润总额的角度来看（图2-5），"铁路、船舶、航空航天和其他运输设备制造业""仪器仪表制造业""文教、工美、体育和娱乐用品制造业"的利润总额达到百亿元级别，"计算机、通信和其他电子设备制造业""电气机械和器材制造业""汽车制造业""医药制造业""通用设备制造业""专用设备制造业"则处在千亿元级别。

2013年，B类创新能力先进型产业有"化学原料和化学制品制造业"（9，18）、"非金属矿物制品业"（11，22）、"金属制品业"（12，23）、"橡胶和塑料制品业"（15，24）、"家具制造业"（14，19），其创新能力表现较好，但创新发展表现较差，创新能力与创新发展不匹配。从单位从业人员利润的角度来看（图2-4），各类制造业的单位从业人员利润均在10万元/人以下，其中"家具制造业"的单位从业人员利润在5万元/人以下，其余4类制造业的单位从业人员利润在5万～8

---

① 括号内第一个数字为创新能力指数排名，第二个数字为创新发展指数排名，下同。

万元/人。从利润总额的角度来看（图2-5），"化学原料和化学制品制造业"和"非金属矿物制品业"的利润总额在千亿元级别，分别为22 411 141万元和17 783 459万元，其余3类制造业在百亿元级别，其中"家具制造业"规模最小，为2 153 592万元。

2013年，C类创新发展先进型产业有"酒、饮料和精制茶制造业"（24，15）、"农副食品加工业"（18，10）、"食品制造业"（20，6）、"皮革、毛皮、羽毛及其制品和制鞋业"（26，14）、"木材加工和木、竹、藤、棕、草制品业"（27，8），多为劳动密集型产业，其创新发展表现较好，但创新能力表现较差，创新发展与创新能力不匹配。从单位从业人员利润的角度来看（图2-4），"酒、饮料和精制茶制造业"的单位从业人员利润在10万元/人以上，为11.81万元/人，其余4类制造业的单位从业人员利润均未超过10万元/人，其中"皮革、毛皮、羽毛及其制品和制鞋业"的单位从业人员利润最低，为2.66万元/人。从利润总额的角度来看（图2-5），"酒、饮料和精制茶制造业""农副食品加工业""食品制造业"的利润总额达千亿元级别，"皮革、毛皮、羽毛及其制品和制鞋业""木材加工和木、竹、藤、棕、草制品业"在百亿元级别，分别为5 811 194万元和2 502 802万元。

2013年，D类创新发展追赶型产业有"黑色金属冶炼和压延加工业"（16，27）、"有色金属冶炼和压延加工业"（25，25）、"纺织业"（23，26）、"石油、煤炭和其他燃料加工业"（30，21）、"纺织服装、服饰业"（21，17）、"造纸和纸制品业"（29，28）、"化学纤维制造业"（22，29）、"印刷和记录媒介复制业"（17，16）、"金属制品、机械和设备修理业"（19，20）、"废弃资源综合利用业"（28，30），上述行业的创新能力和创新发展均表现较差。从单位从业人员利润的角度来看（图2-4），"废弃资源综合利用业"的单位从业人员利润达到10.10万元/人，其余9类制造业的单位从业人员利润在2万～8万元/人。从利润总额的角度来看（图2-5），"黑色金属冶炼和压延加工业""有色金属冶炼和压延加工业""纺织业"的利润总额超千亿元，"石油、煤炭和其他燃料加工业""纺织服装、服饰业""造纸和纸制品业""化学

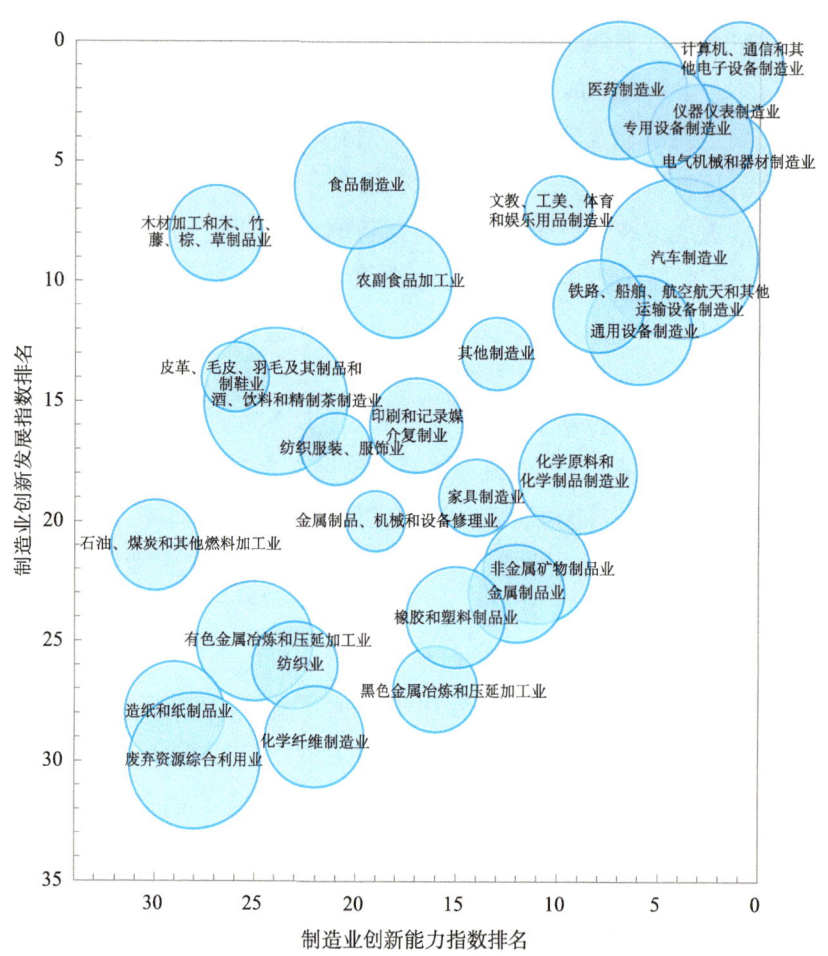

图 2-4 2013 年中国制造业创新能力指数与创新发展指数排名
（气泡大小表征单位从业人员利润多少）

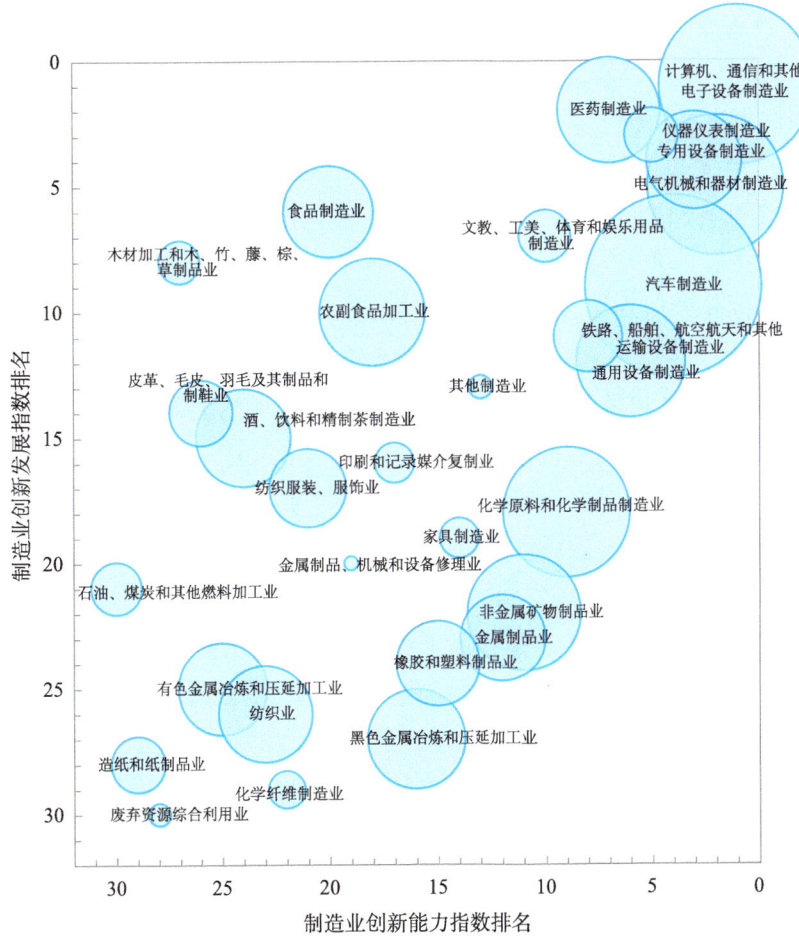

图 2-5　2013 年中国制造业创新能力指数与创新发展指数排名

（气泡大小表征利润总额多少）

纤维制造业"印刷和记录媒介复制业"的利润总额达百亿元级别,"金属制品、机械和设备修理业""废弃资源综合利用业"的利润总额为十亿元级别。

2021 年,A 类创新发展领先型产业有"计算机、通信和其他电子设备制造业"(1,3)、"电气机械和器材制造业"(2,5)、"汽车制造业"(3,11)、"医药制造业"(5,2)、"通用设备制造业"(7,8)、"专用设备制造业"(4,4)、"化学原料和化学制品制造业"(9,10)、"黑色金属冶炼和压延加工业"(10,14)、"铁路、船舶、航空航天和其他运输设备制造业"(8,6)、"仪器仪表制造业"(6,1)、"酒、饮料和精制茶制造业"(11,9)、"其他制造业"(12,7)。上述行业的创新能力和创新发展均表现良好,创新能力与创新发展水平相匹配。相较于 2013 年,"化学原料和化学制品制造业""黑色金属冶炼和压延加工业""酒、饮料和精制茶制造业"是新进入 A 类的创新发展领先型产业,而"文教、工美、体育和娱乐用品制造业"则退出了 A 类创新发展领先型产业。从单位从业人员利润的角度来看(图 2-6),"医药制造业""化学原料和化学制品制造业""酒、饮料和精制茶制造业"的单位从业人员利润较高,分别为 40.88 万元 / 人、32.35 万元 / 人、32.86 万元 / 人。"铁路、船舶、航空航天和其他运输设备制造业""其他制造业"的单位从业人员利润低于 10 万元 / 人,分别为 5.08 万元 / 人、4.99 万元 / 人。从利润总额的角度来看(图 2-7),"铁路、船舶、航空航天和其他运输设备制造业""仪器仪表制造业"的利润总额为百亿元级别,"其他制造业"的利润总额为十亿元级别,其余 9 类制造业的利润总额均超千亿元。其中"计算机、通信和其他电子设备制造业"的利润总额最高,为 77 730 400 万元。

2021 年,B 类创新能力先进型产业有"非金属矿物制品业"(13,18)、"金属制品业"(14,17)、"金属制品、机械和设备修理业"(15,25),其创新能力表现较好,但创新发展表现较差,创新能力与创新发展不匹配。相较于 2013 年,"金属制品、机械和设备修理业"从 D 类创新发展追赶型产业进入 B 类创新能力先进型产业,"橡胶和塑料制品业""家具制造业"从 B 类创新能力先进型产业转变为 D 类创新发展追赶型产业。从单位从业人员利润的角度来看（图 2-6），"非金属矿物制品业""金属制品业""金属制品、机械和设备修理业"的单位从业人员利润存在较大差异，分别为 18.72 万元 / 人、9.27 万元 / 人和 2.31 万元 / 人。从利润总额的角度来看（图 2-7），"非金属矿物制品业""金属制品业"的利润总额为千亿元级别，分别为 32 101 500 万元、13 847 700 万元；"金属制品、机械和设备修理业"的利润总额为 388 700 万元。

2021 年，C 类创新发展先进型产业有"有色金属冶炼和压延加工业"（19，15）、"食品制造业"（20，12）、"文教、工美、体育和娱乐用品制造业"（17，13）。上述产业的创新发展表现较好，但创新能力表现较差，创新发展与创新能力不匹配。相较于 2013 年，"有色金属冶炼和压延加工业"从 D 类创新发展追赶型产业转变为 C 类创新发展先进型产业，"农副食品加工业""皮革、毛皮、羽毛及其制品和制鞋业""木材加工和木、竹、藤、棕、草制品业"则从 C 类创新发展先进型产业转变为 D 类创新发展追赶型产业。从单位从业人员利润的角度来看（图 2-6），"有色金属冶炼和压延加工业""食品制造业""文教、工美、体育和娱乐用品制造业"的单位从业人员利润差异较大，分别为 27.86 万元 / 人、11.76 万元 / 人和 5.04 万元 / 人。从利润总额角度来看（图 2-7），"有色金属冶炼和压延加工业""食品制造业"的利润总额分别为 29 401 700 万元和 12 118 200 万元；"文教、工美、体育和娱乐用品制造业"的利润总额为 4 462 100 万元。

2021 年，D 类创新发展追赶型产业有"橡胶和塑料制品业"（16，19）、"纺织业"（23，30）、"石油、煤炭和其他燃料加工业"（21，16）、"农副食品加工业"（30，21）、"纺织服装、服饰业"（27，28）、"造纸和纸制品业"（25，29）、"化学纤维制造业"（24，26）、"家具制造业"（18，20）、"皮革、毛皮、羽毛及其制品和制鞋业"（26，27）、"印刷和记录媒介复制业"（22，22）、"木材加工和木、竹、藤、棕、草制品业"（29，23）、"废弃资源综合利用业"（28，24）。上述产业的创新能力和创新发展水平均有待提升。从单位从业人员利润的角度来看（图 2-6），"石油、煤炭和其他燃料加工业""化学纤维制造业""废弃资源综合利用业""造纸和纸制品业"的单位从业人员利润超过 10 万元 / 人，分别为38.45 万元 / 人、20.44 万元 / 人、16.08 万元 / 人、15.91 万元 / 人，其余 8 类制造业的单位从业人员利润集中在 3 万～8 万元 / 人。从利润总额的角度来看（图 2-7），仅有"石油、煤炭和其他燃料加工业"的利润总额为千亿元级别，"废弃资源综合利用业"的利润总额为十亿元级别，其余 10 类制造业的利润总额均为百亿元级别。

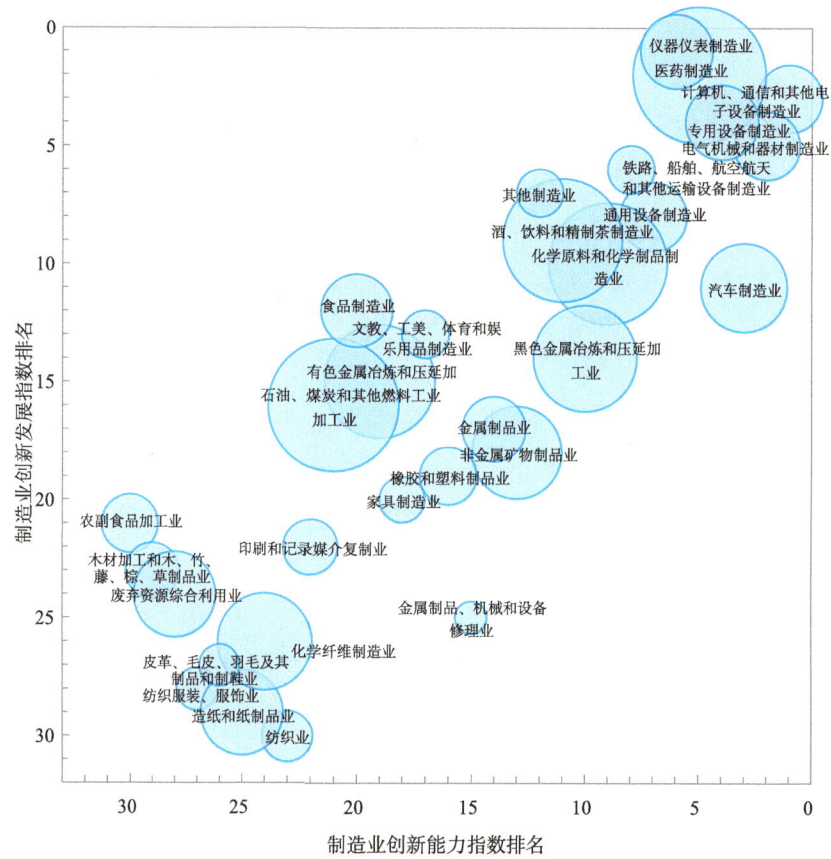

图 2-6　2021 年中国制造业创新能力指数与创新发展指数排名

（气泡大小表征单位从业人员利润多少）

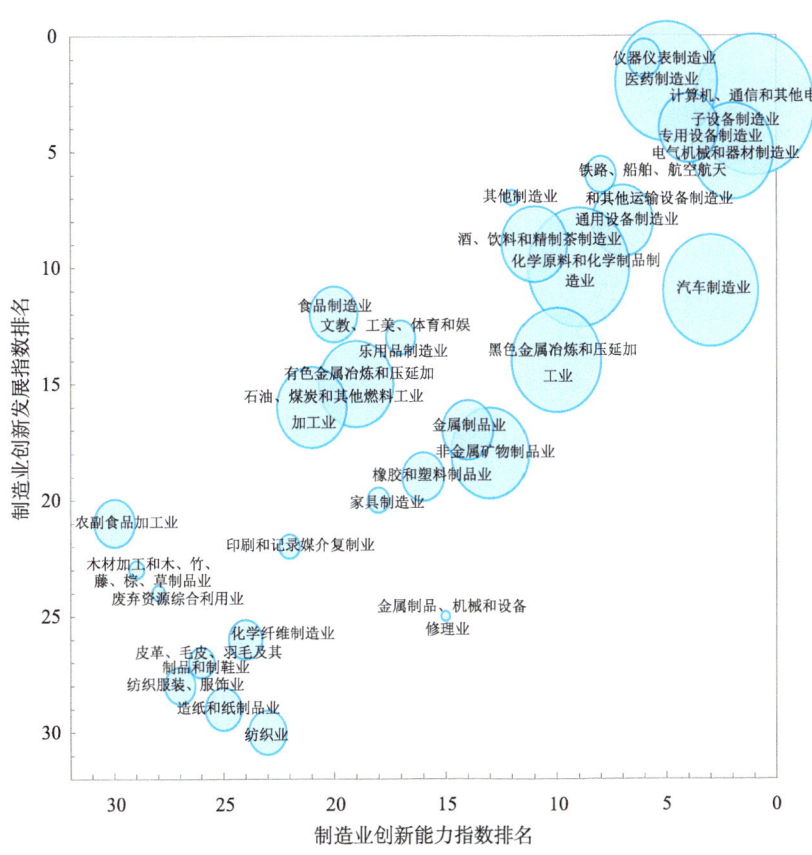

图 2-7 2021年中国制造业创新能力指数与创新发展指数排名
（气泡大小表征利润总额多少）

第三章

中国制造业创新能力演进

第一节 中国制造业创新能力指数

2021 年，中国制造业创新能力指数排名前 10 位的行业依次是"计算机、通信和其他电子设备制造业""电气机械和器材制造业""汽车制造业""专用设备制造业""医药制造业""仪器仪表制造业""通用设备制造业""铁路、船舶、航空航天和其他运输设备制造业""化学原料和化学制品制造业""黑色金属冶炼和压延加工业"。与 2013 年相比，排名前 10 位的行业中"计算机、通信和其他电子设备制造业""电气机械和器材制造业""汽车制造业" 3 个行业的创新能力指数增幅较大。中国制造业创新能力指数排名后 10 位的行业依次是"石油、煤炭和其他燃料加工业""印刷和记录媒介复制业""纺织业""化学纤维制造业""造纸和纸制品业""皮革、毛皮、羽毛及其制品和制鞋业""纺织服装、服饰业""废弃资源综合利用业""木材加工和木、竹、藤、棕、草制品业""农副食品加工业"。与 2013 年相比，排名后 10 位的行业中"石油、煤炭和其他燃料加工业""造纸和纸制品业"的创新能力指数增幅较大，如图 3-1 所示。

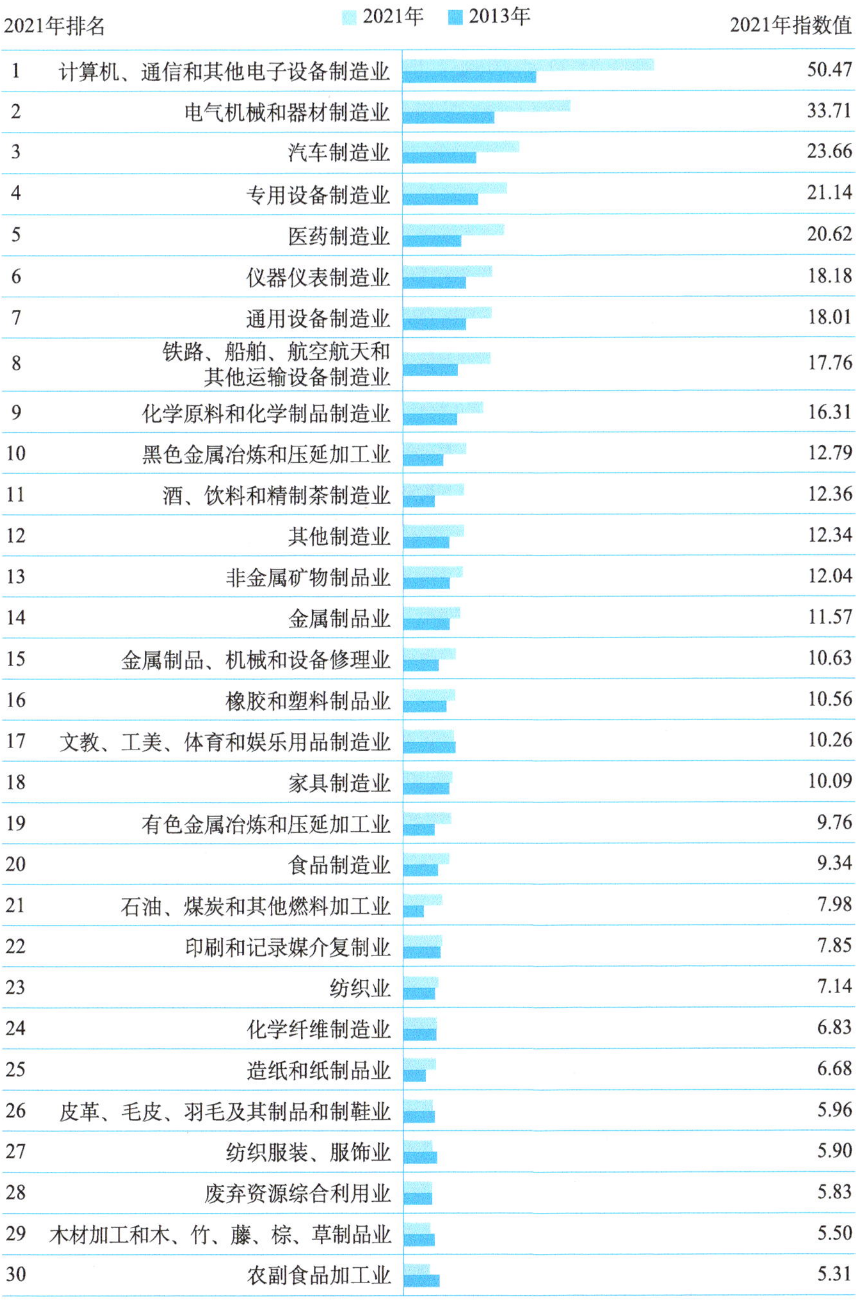

2021年排名		■2021年　■2013年	2021年指数值
1	计算机、通信和其他电子设备制造业		50.47
2	电气机械和器材制造业		33.71
3	汽车制造业		23.66
4	专用设备制造业		21.14
5	医药制造业		20.62
6	仪器仪表制造业		18.18
7	通用设备制造业		18.01
8	铁路、船舶、航空航天和其他运输设备制造业		17.76
9	化学原料和化学制品制造业		16.31
10	黑色金属冶炼和压延加工业		12.79
11	酒、饮料和精制茶制造业		12.36
12	其他制造业		12.34
13	非金属矿物制品业		12.04
14	金属制品业		11.57
15	金属制品、机械和设备修理业		10.63
16	橡胶和塑料制品业		10.56
17	文教、工美、体育和娱乐用品制造业		10.26
18	家具制造业		10.09
19	有色金属冶炼和压延加工业		9.76
20	食品制造业		9.34
21	石油、煤炭和其他燃料加工业		7.98
22	印刷和记录媒介复制业		7.85
23	纺织业		7.14
24	化学纤维制造业		6.83
25	造纸和纸制品业		6.68
26	皮革、毛皮、羽毛及其制品和制鞋业		5.96
27	纺织服装、服饰业		5.90
28	废弃资源综合利用业		5.83
29	木材加工和木、竹、藤、棕、草制品业		5.50
30	农副食品加工业		5.31

图 3-1　中国制造业创新能力指数（2013 年、2021 年）

2013～2021 年，中国制造业创新能力指数年均增速排名前 10 位的行业依次为"酒、饮料和精制茶制造业""石油、煤炭和其他燃料加工业""计算机、通信和其他电子设备制造业""电气机械和器材制造业""医药制造业""铁路、船舶、航空航天和其他运输设备制造业""汽车制造业""黑色金属冶炼和压延加工业""有色金属冶炼和压延加工业""化学原料和化学制品制造业"，其中有 7 个行业的 2021 年创新能力指数排名前 10 位。中国制造业创新能力指数年均增速排名后 10 位的行业依次为"纺织业""家具制造业""印刷和记录媒介复制业""化学纤维制造业""废弃资源综合利用业""文教、工美、体育和娱乐用品制造业""皮革、毛皮、羽毛及其制品和制鞋业""木材加工和木、竹、藤、棕、草制品业""纺织服装、服饰业""农副食品加工业"，其中 8 个行业的 2021 年创新能力指数排名后 10 位，如图 3-2 所示。

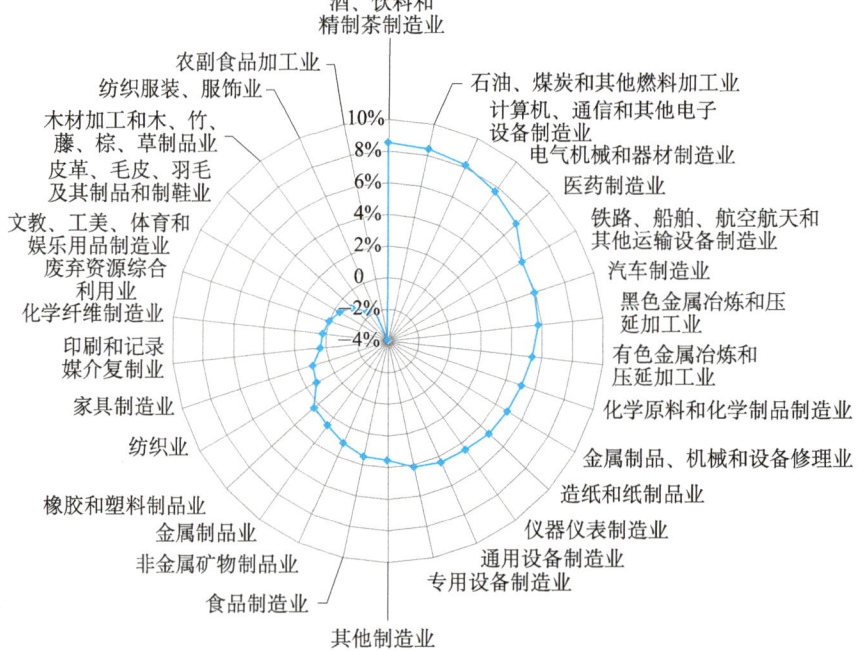

图 3-2   中国制造业创新能力指数年均增速（2013～2021 年）

第二节　中国制造业创新实力指数

2021 年，中国制造业创新实力指数排名前 10 位的行业依次是"计算机、通信和其他电子设备制造业""电气机械和器材制造业""汽车制造业""医药制造业""化学原料和化学制品制造业""专用设备制造业""通用设备制造业""铁路、船舶、航空航天和其他运输设备制造业""黑色金属冶炼和压延加工业""非金属矿物制品业"。与 2013 年相比，排名前 10 位的行业中"计算机、通信和其他电子设备制造业"的创新实力指数大幅增加。中国制造业创新实力指数排名后 10 位的行业依次是"家具制造业""纺织服装、服饰业""造纸和纸制品业""化学纤维制造业""印刷和记录媒介复制业""皮革、毛皮、羽毛及其制品和制鞋业""其他制造业""木材加工和木、竹、藤、棕、草制品业""金属制品、机械和设备修理业""废弃资源综合利用业"。其中，与 2013 年相比，排名后 10 位的行业中"家具制造业"的创新实力指数大幅增加，如图 3-3 所示。

2013～2021 年，中国制造业创新实力指数年均增速排名前 10 位的行业依次为"废弃资源综合利用业""酒、饮料和精制茶制造业""家具制造业""医药制造业""计算机、通信和其他电子设备制造业""其他制造业""电气机械和器材制造业""金属制品、机械和设备修理业""石油、煤炭和其他燃料加工业""汽车制造业"，其中 4 个行业的 2021 年创新实力指数排名前 10 位。中国制造业创新实力指数年均增速排名后 10 位的行业中，"皮革、毛皮、羽毛及其制品和制鞋业""木材加工和木、竹、藤、棕、草制品业""纺织服装、服饰业"的 2021 年创新实力指数排名后 10 位，"非金属矿物制品业""专用设备制造业"的 2021 年创新实力指数排名前 10 位，如图 3-4 所示。

图 3-3　中国制造业创新实力指数（2013 年、2021 年）

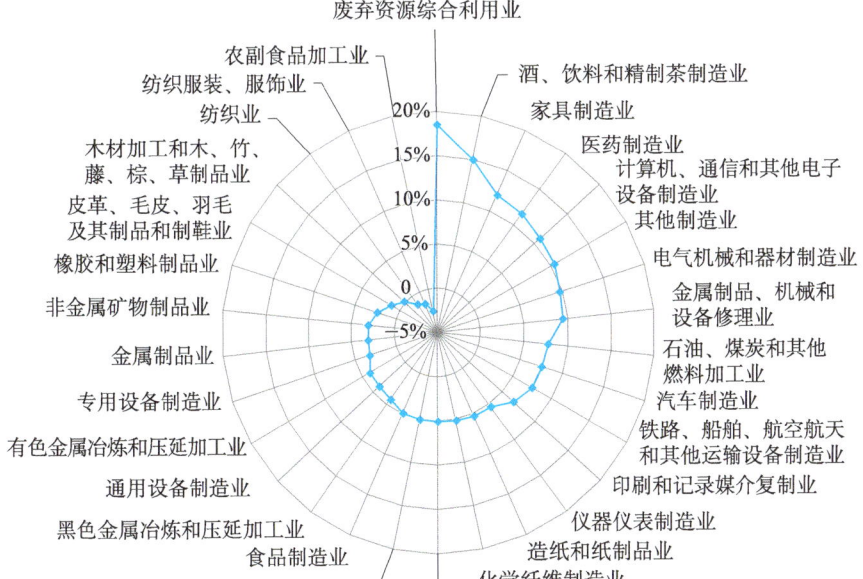

图 3-4 中国制造业创新实力指数年均增速（2013～2021 年）

第三节 中国制造业创新效力指数

2021 年，中国制造业创新效力指数排名前 10 位的行业依次是"仪器仪表制造业""计算机、通信和其他电子设备制造业""电气机械和器材制造业""专用设备制造业""其他制造业""铁路、船舶、航空航天和其他运输设备制造业""医药制造业""金属制品、机械和设备修理业""通用设备制造业""汽车制造业"。与 2013 年相比，排名前 10 位的行业中"电气机械和器材制造业""仪器仪表制造业""专用设备制造业""铁路、船舶、航空航天和其他运输设备制造业"的创新效力指数增加幅度较大。排名后 10 位的行业依次是"有色金属冶炼和压延加工业""石油、煤炭和其他燃料加工业""化学纤维制造业""废弃资源综合利用业""造纸和纸制品业""皮革、毛皮、羽毛及其制品和制鞋业""木材加工和木、竹、藤、棕、草制品业""纺织业""纺织服装、服饰业""农副食品加工业"。与 2013 年相比，排名后 10 位的行业中"石油、煤炭和其他燃料加工业""有色金属冶炼和压延加工业"的创新效力指数增加幅度较大，如图 3-5 所示。

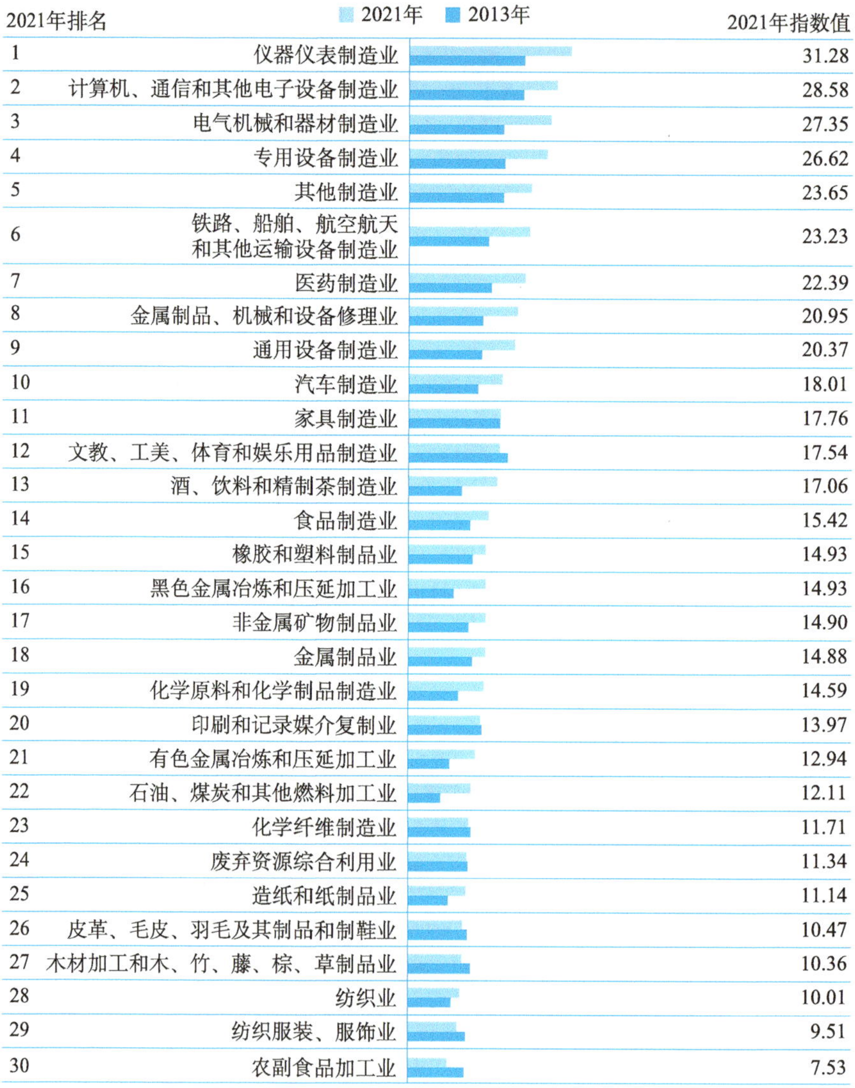

2021年排名		2021年 2013年	2021年指数值
1	仪器仪表制造业		31.28
2	计算机、通信和其他电子设备制造业		28.58
3	电气机械和器材制造业		27.35
4	专用设备制造业		26.62
5	其他制造业		23.65
6	铁路、船舶、航空航天和其他运输设备制造业		23.23
7	医药制造业		22.39
8	金属制品、机械和设备修理业		20.95
9	通用设备制造业		20.37
10	汽车制造业		18.01
11	家具制造业		17.76
12	文教、工美、体育和娱乐用品制造业		17.54
13	酒、饮料和精制茶制造业		17.06
14	食品制造业		15.42
15	橡胶和塑料制品业		14.93
16	黑色金属冶炼和压延加工业		14.93
17	非金属矿物制品业		14.90
18	金属制品业		14.88
19	化学原料和化学制品制造业		14.59
20	印刷和记录媒介复制业		13.97
21	有色金属冶炼和压延加工业		12.94
22	石油、煤炭和其他燃料加工业		12.11
23	化学纤维制造业		11.71
24	废弃资源综合利用业		11.34
25	造纸和纸制品业		11.14
26	皮革、毛皮、羽毛及其制品和制鞋业		10.47
27	木材加工和木、竹、藤、棕、草制品业		10.36
28	纺织业		10.01
29	纺织服装、服饰业		9.51
30	农副食品加工业		7.53

图 3-5 中国制造业创新效力指数（2013 年、2021 年）

2013～2021 年，中国制造业创新效力指数年均增速排名前 10 位的行业依次是"石油、煤炭和其他燃料加工业""黑色金属冶炼和压延加工业""酒、饮料和精制茶制造业""有色金属冶炼和压延加工业""铁路、船舶、航空航天和其他运输设备制造业""电气机械和器材制造业""化学原料和化学制品制造业""金属制品、机械和设备修理业""专用设备制造业""造纸和纸制品业"，其中 4 个行业的 2021 年创新效力指数排名前 10 位。中国制造业创新效力指数年均增速排名后 10 位的行业中，"废弃资源综合利用业""化学纤维制造业""皮革、毛皮、羽毛及其制品和制鞋业""木材加工和木、竹、藤、棕、草制品业""纺织服装、服饰业""农副食品加工业"的 2021 年创新效力指数排名后 10 位，如图 3-6 所示。

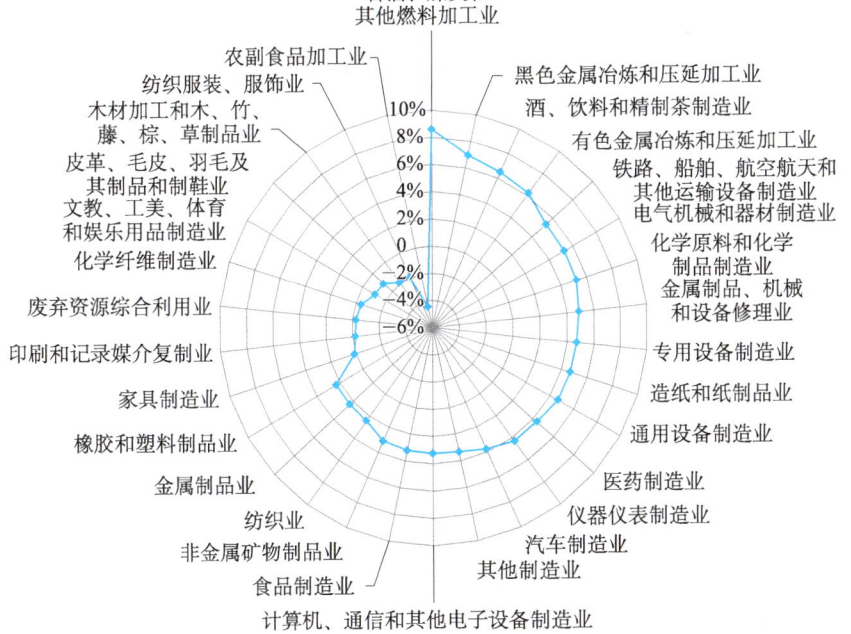

图 3-6　中国制造业创新效力指数年均增速（2013～2021 年）

第四节　中国制造业创新实力与效力

　　本书依据创新实力指数和创新效力指数两个指标对中国制造业进行分类，将中国制造业分为四类①：创新领先型产业、创新先进型产业、创新追赶型产业、转型升级型产业。其中，创新领先型产业即处于创新效力指数高、创新实力指数高象限内的产业，创新先进型产业即处于创新效力指数高、创新实力指数低象限内的产业，创新追赶型产业即处于创新效力指数低、创新实力指数高象限内的产业，转型升级型产业即处于创新效力指数低、创新实力指数低象限内的产业。创新领先型产业和创新先进型产业的创新特色鲜明，创新追赶型产业需要着力解决创新效率和效益问题，转型升级型产业均为传统产业，需要抓住新技术革命和数字转型的机遇，全面提升创新能力。

　　2021 年，中国制造业创新领先型产业包括"电气机械和器材制造业""铁路、船舶、航空航天和其他运输设备制造业""计算机、通信和其他电子设备制造业""专用设备制造业""医药制造业""通用设备制造业""汽车制造业""酒、饮料和精制茶制造业"；创新先进型产业包括"仪器仪表制造业""其他制造业""家具制造业""金属制品、机械和设备修理业""食品制造业""文教、工美、体育和娱乐用品制造业"；创新追赶型产业包括"化学原料和化学制品制造业""金属制品业""非金属矿物制品业""黑色金属冶炼和压延加工业""橡胶和塑料制品业""有色金属冶炼和压延加工业"；转型升级型产业包括"印刷和记录媒介复制业""造纸和纸制品业""废弃资源综合利用业""木材

---

① 具体分类方法为：计算出所有行业的创新实力指数均值和创新效力指数均值，创新实力指数和创新效力指数均高于均值的行业为创新领先型产业，创新效力指数高于均值、创新实力指数低于均值的行业为创新先进型产业，创新效力指数低于均值、创新实力指数高于均值的行业为创新追赶型产业，创新实力指数和创新效力指数均低于均值的行业为转型升级型产业。

加工和木、竹、藤、棕、草制品业""化学纤维制造业""纺织业""石油、煤炭和其他燃料加工业""纺织服装、服饰业""皮革、毛皮、羽毛及其制品和制鞋业""农副食品加工业"（图3-7）。

2013年，中国制造业创新领先型产业包括"计算机、通信和其他电子设备制造业""电气机械和器材制造业""专用设备制造业""医药制造业""铁路、船舶、航空航天和其他运输设备制造业""通用设备制造业""汽车制造业""橡胶和塑料制品业"；创新先进型产业包括"仪器仪表制造业""家具制造业""文教、工美、体育和娱乐用品制造业""其他制造业""金属制品、机械和设备修理业""印刷和记录媒介复制业"等；创新追赶型产业包括"金属制品业""非金属矿物制品业""化学原料和化学制品制造业""黑色金属冶炼和压延加工业""纺织业""有色金属冶炼和压延加工业"；转型升级型产业包括"废弃资源综合利用业""木材加工和木、竹、藤、棕、草制品业""食品制造业""化学纤维制造业""皮革、毛皮、羽毛及其制品和制鞋业""酒、饮料和精制茶制造业""纺织服装、服饰业""农副食品加工业""造纸和纸制品业""石油、煤炭和其他燃料加工业"（图3-8）。

与2013年相比，2021年"酒、饮料和精制茶制造业"由转型升级型产业转变为创新领先型产业；"食品制造业"由转型升级型产业转变为创新先进型产业；"印刷和记录媒介复制业"由创新先进型产业转变为转型升级型产业；"纺织业"由创新追赶型产业转变为转型升级型产业；"橡胶和塑料制品业"由创新领先型产业降为创新追赶型产业。值得指出的是，2021年，"医药制造业"单位从业人员利润居第一位，远高于"金属制品业""铁路、船舶、航空航天和其他运输设备制造业""橡胶和塑料制品业""纺织业""农副食品加工业""文教、工美、体育和娱乐用品制造业""纺织服装、服饰业""家具制造业""皮革、毛皮、羽毛及其制品和制鞋业""印刷和记录媒介复制业""其他制造业""木材加工和木、竹、藤、棕、草制品业""金属制品、机械和设备修理业""废弃资源综合利用业"，如图3-7～图3-10所示。

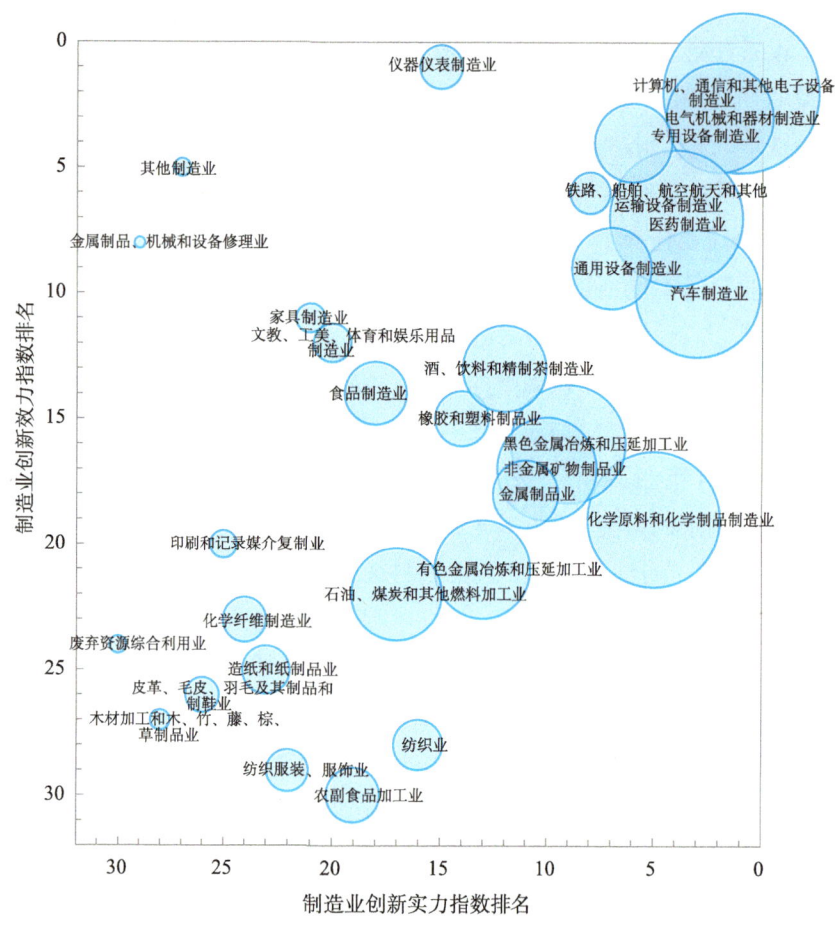

图 3-7   2021 年中国制造业创新实力指数与创新效力指数排名
（气泡大小表征利润总额多少）

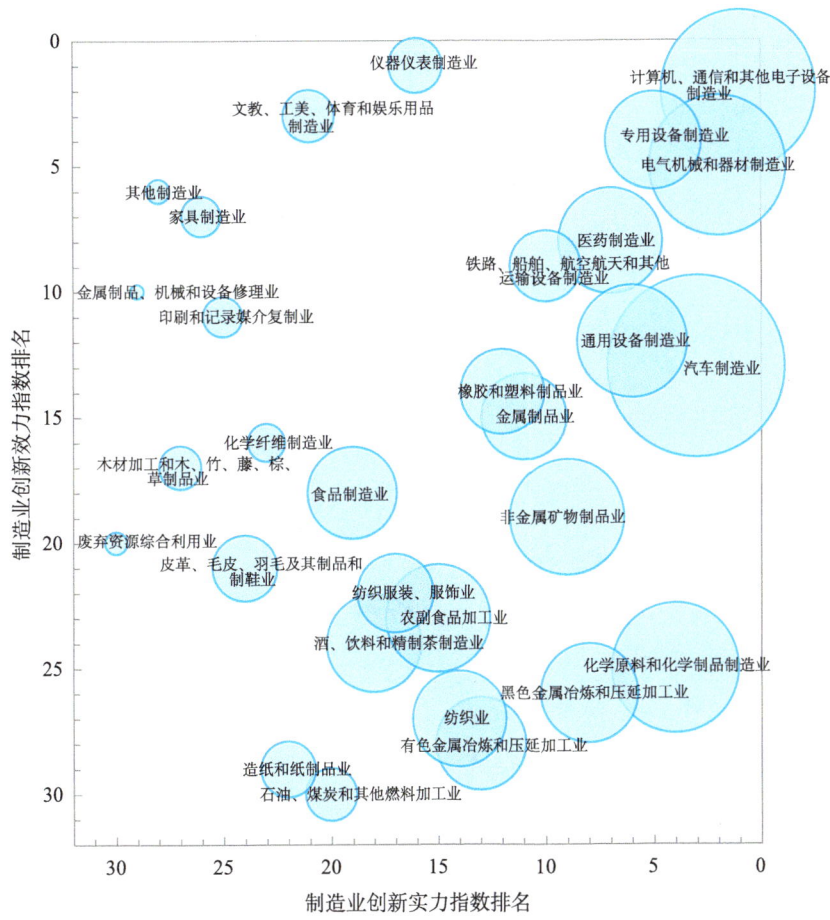

图 3-8 2013 年中国制造业创新实力指数与创新效力指数排名
（气泡大小表征利润总额多少）

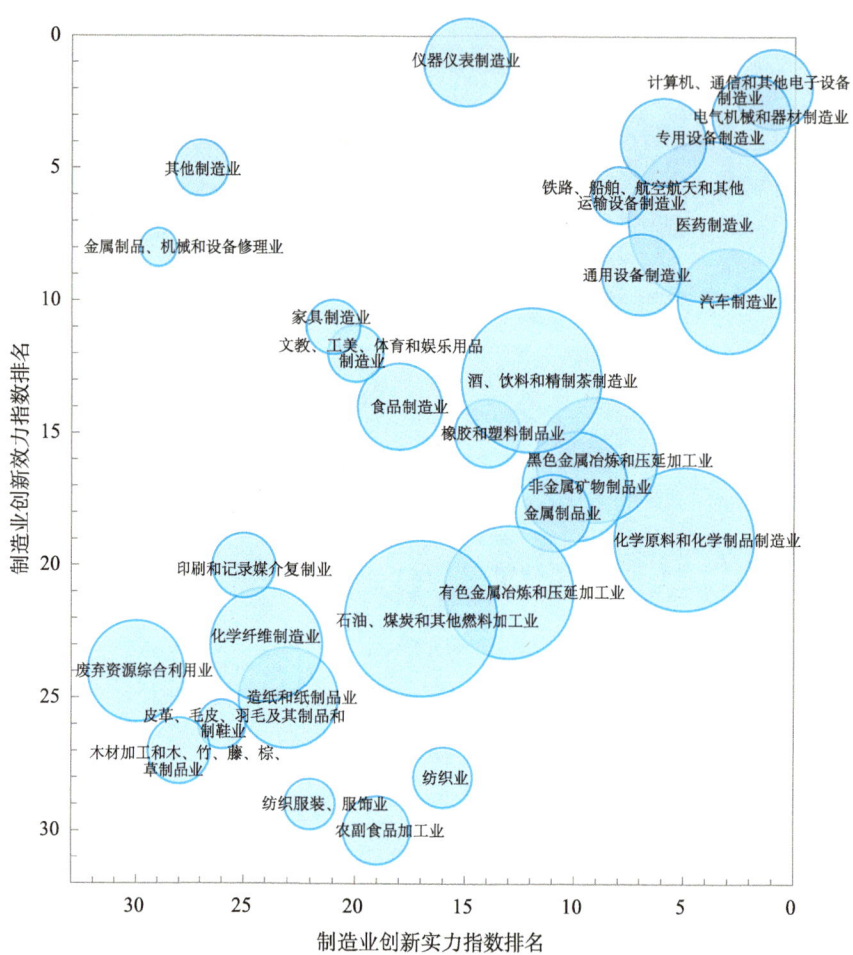

图 3-9　2021 年中国制造业创新实力指数与创新效力指数排名
（气泡大小表征单位从业人员利润多少）

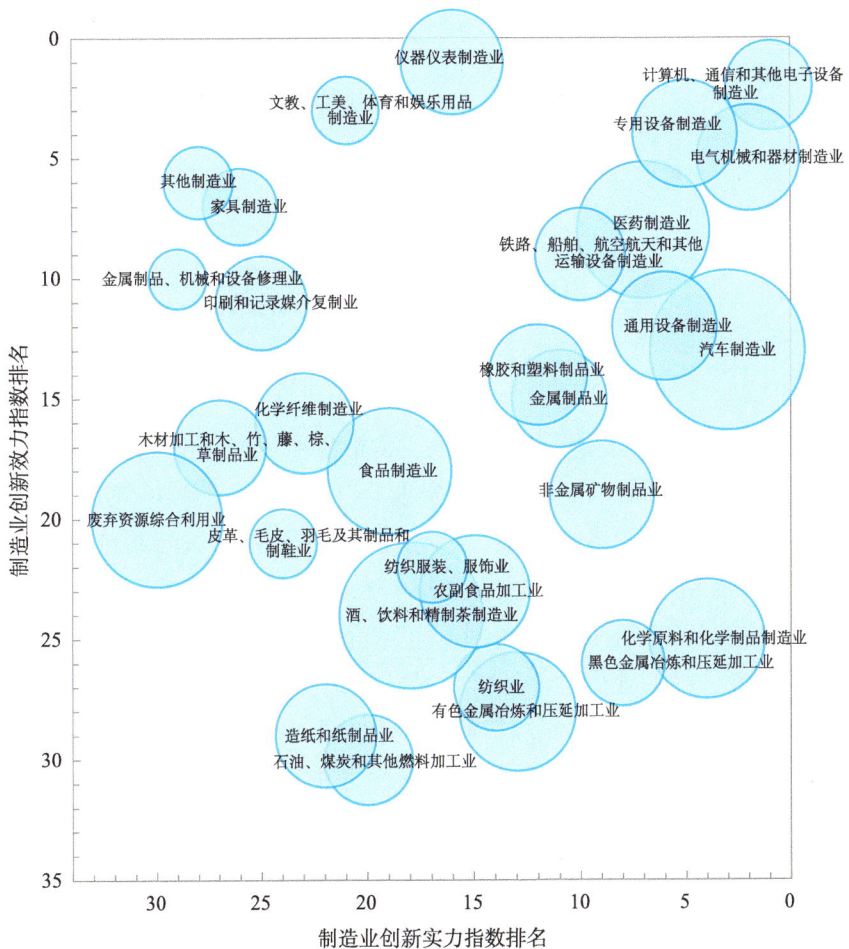

图 3-10　2013 年中国制造业创新实力指数与创新效力指数排名
（气泡大小表征单位从业人员利润多少）

第四章

中国制造业创新实力演进

第一节　创新投入实力指数

2021 年，中国制造业创新投入实力指数排名前 10 位的行业依次是"计算机、通信和其他电子设备制造业""汽车制造业""电气机械和器材制造业""通用设备制造业""专用设备制造业""医药制造业""黑色金属冶炼和压延加工业""化学原料和化学制品制造业""铁路、船舶、航空航天和其他运输设备制造业""金属制品业"。与 2013 年相比，排名前 10 位的行业中"计算机、通信和其他电子设备制造业""汽车制造业""电气机械和器材制造业"的创新投入实力指数增加幅度较大。中国制造业创新投入实力指数排名后 10 位的行业依次是"造纸和纸制品业""文教、工美、体育和娱乐用品制造业""皮革、毛皮、羽毛及其制品和制鞋业""家具制造业""酒、饮料和精制茶制造业""印刷和记录媒介复制业""其他制造业""木材加工和木、竹、藤、棕、草制品业""金属制品、机械和设备修理业""废弃资源综合利用业"。与 2013 年相比，排名后 10 位的行业中"家具制造业""皮革、毛皮、羽毛及其制品和制鞋业""文教、工美、体育和娱乐用品制造业"的创新投入实力指数增加幅度较大，如图 4-1 所示。

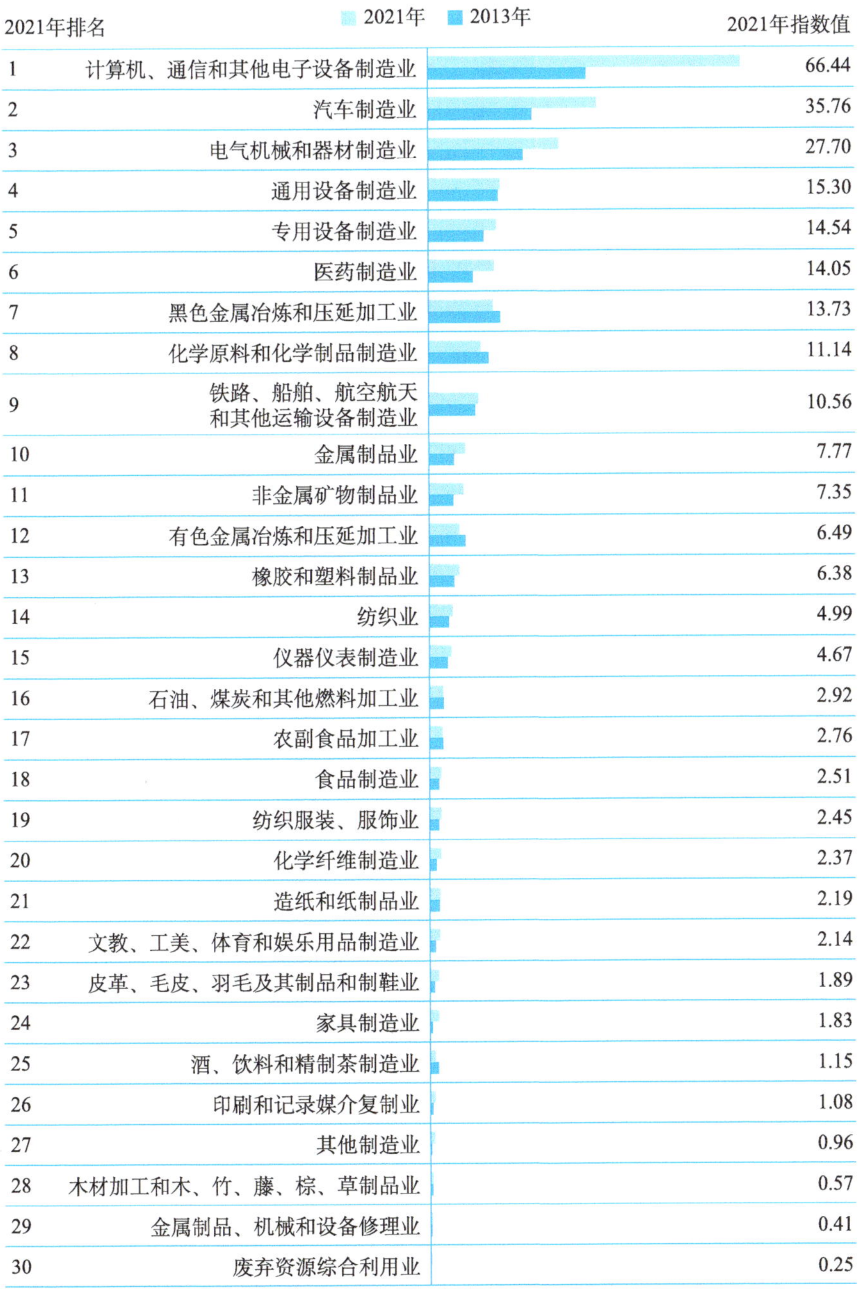

2021年排名		2021年 2013年	2021年指数值
1	计算机、通信和其他电子设备制造业		66.44
2	汽车制造业		35.76
3	电气机械和器材制造业		27.70
4	通用设备制造业		15.30
5	专用设备制造业		14.54
6	医药制造业		14.05
7	黑色金属冶炼和压延加工业		13.73
8	化学原料和化学制品制造业		11.14
9	铁路、船舶、航空航天和其他运输设备制造业		10.56
10	金属制品业		7.77
11	非金属矿物制品业		7.35
12	有色金属冶炼和压延加工业		6.49
13	橡胶和塑料制品业		6.38
14	纺织业		4.99
15	仪器仪表制造业		4.67
16	石油、煤炭和其他燃料加工业		2.92
17	农副食品加工业		2.76
18	食品制造业		2.51
19	纺织服装、服饰业		2.45
20	化学纤维制造业		2.37
21	造纸和纸制品业		2.19
22	文教、工美、体育和娱乐用品制造业		2.14
23	皮革、毛皮、羽毛及其制品和制鞋业		1.89
24	家具制造业		1.83
25	酒、饮料和精制茶制造业		1.15
26	印刷和记录媒介复制业		1.08
27	其他制造业		0.96
28	木材加工和木、竹、藤、棕、草制品业		0.57
29	金属制品、机械和设备修理业		0.41
30	废弃资源综合利用业		0.25

图 4-1　中国制造业创新投入实力指数（2013年、2021年）

2013～2021 年，中国制造业创新投入实力指数年均增速排名前
10 位的行业依次为"废弃资源综合利用业""其他制造业""家具制造
业""计算机、通信和其他电子设备制造业""皮革、毛皮、羽毛及其
制品和制鞋业""文教、工美、体育和娱乐用品制造业""印刷和记录
媒介复制业""化学纤维制造业""汽车制造业""金属制品、机械和设
备修理业"，其中"计算机、通信和其他电子设备制造业""汽车制造
业"的 2021 年创新投入实力指数排名前 10 位。中国制造业创新投入
实力指数年均增速排名后 10 位的行业中，"铁路、船舶、航空航天和
其他运输设备制造业""通用设备制造业""黑色金属冶炼和压延加工
业""化学原料和化学制品制造业"的 2021 年创新投入实力指数排名
前 10 位，"造纸和纸制品业""酒、饮料和精制茶制造业"的 2021 年
创新投入实力指数排名后 10 位，如图 4-2 所示。

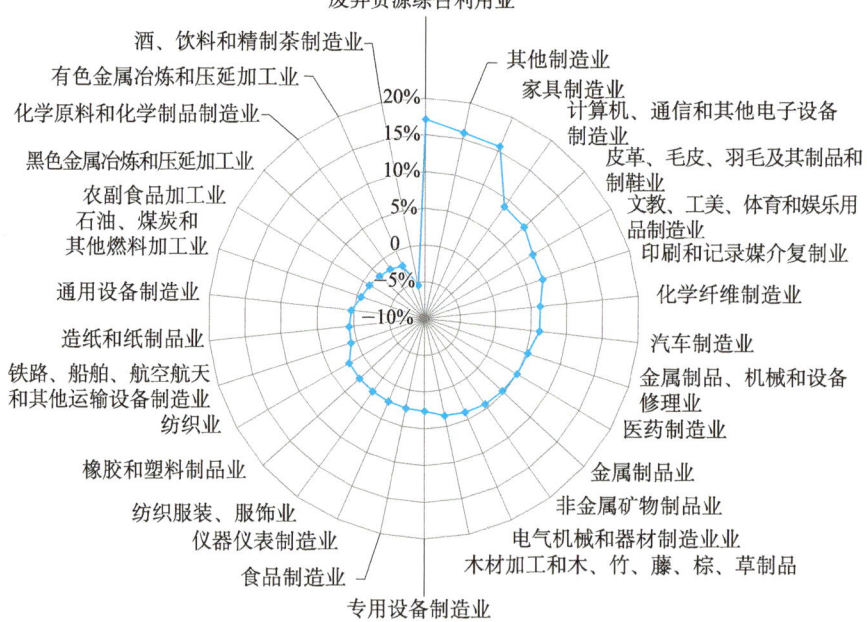

图 4-2　中国制造业创新投入实力指数年均增速（2013～2021 年）

第二节 创新条件实力指数

2021年，中国制造业创新条件实力指数排名前10位的行业分别为"计算机、通信和其他电子设备制造业""电气机械和器材制造业""汽车制造业""通用设备制造业""专用设备制造业""医药制造业""化学原料和化学制品制造业""金属制品业""非金属矿物制品业""铁路、船舶、航空航天和其他运输设备制造业"。与2013年相比，排名前10位的行业中"计算机、通信和其他电子设备制造业"的创新条件实力指数增加幅度较大。中国制造业创新条件实力指数排名后10位的行业分别为"造纸和纸制品业""家具制造业""化学纤维制造业""石油、煤炭和其他燃料加工业""印刷和记录媒介复制业""皮革、毛皮、羽毛及其制品和制鞋业""其他制造业""木材加工和木、竹、藤、棕、草制品业""金属制品、机械和设备修理业""废弃资源综合利用业"。与2013年相比，排名后10位的行业中"家具制造业""石油、煤炭和其他燃料加工业"的创新条件实力指数增加幅度较大，如图4-3所示。

2013～2021年，中国制造业创新条件实力指数年均增速排名前10位的行业依次为"废弃资源综合利用业""金属制品、机械和设备修理业""家具制造业""其他制造业""计算机、通信和其他电子设备制造业""石油、煤炭和其他燃料加工业""印刷和记录媒介复制业""食品制造业""非金属矿物制品业""金属制品业"，其中"计算机、通信和其他电子设备制造业""非金属矿物制品业""金属制品业"的2021年创新条件实力指数排名前10位。中国制造业创新条件实力指数年均增速排名后10位的行业中，"通用设备制造业""化学原料和化学制品制造业"的2021年创新条件实力指数排名前10位，"化学纤维制造业""皮革、毛皮、羽毛及其制品和制鞋业""木材加工和木、竹、藤、棕、草制品业"的2021年创新条件实力指数排名后10位，如图4-4所示。

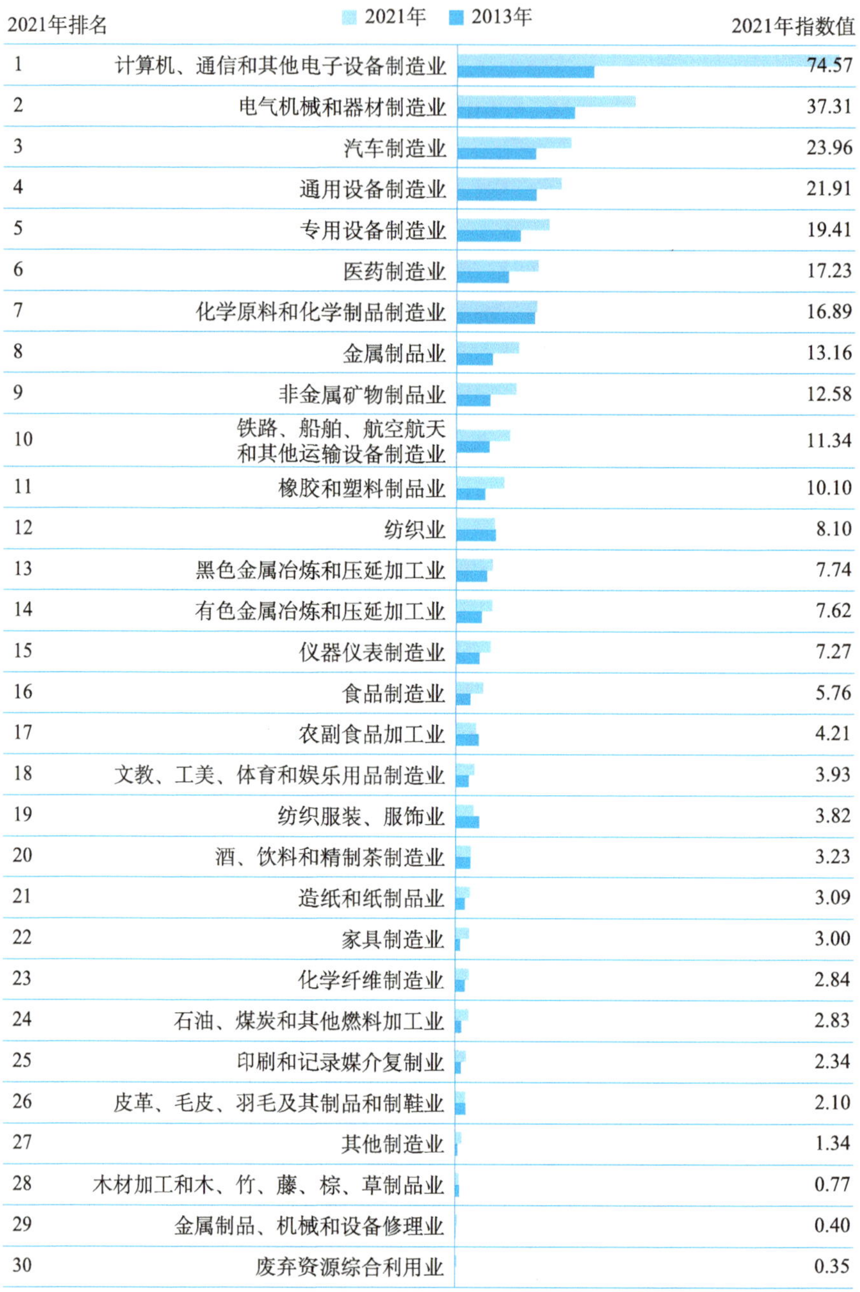

2021年排名		■ 2021年　■ 2013年	2021年指数值
1	计算机、通信和其他电子设备制造业		74.57
2	电气机械和器材制造业		37.31
3	汽车制造业		23.96
4	通用设备制造业		21.91
5	专用设备制造业		19.41
6	医药制造业		17.23
7	化学原料和化学制品制造业		16.89
8	金属制品业		13.16
9	非金属矿物制品业		12.58
10	铁路、船舶、航空航天和其他运输设备制造业		11.34
11	橡胶和塑料制品业		10.10
12	纺织业		8.10
13	黑色金属冶炼和压延加工业		7.74
14	有色金属冶炼和压延加工业		7.62
15	仪器仪表制造业		7.27
16	食品制造业		5.76
17	农副食品加工业		4.21
18	文教、工美、体育和娱乐用品制造业		3.93
19	纺织服装、服饰业		3.82
20	酒、饮料和精制茶制造业		3.23
21	造纸和纸制品业		3.09
22	家具制造业		3.00
23	化学纤维制造业		2.84
24	石油、煤炭及其他燃料加工业		2.83
25	印刷和记录媒介复制业		2.34
26	皮革、毛皮、羽毛及其制品和制鞋业		2.10
27	其他制造业		1.34
28	木材加工和木、竹、藤、棕、草制品业		0.77
29	金属制品、机械和设备修理业		0.40
30	废弃资源综合利用业		0.35

图 4-3　中国制造业创新条件实力指数（2013 年、2021 年）

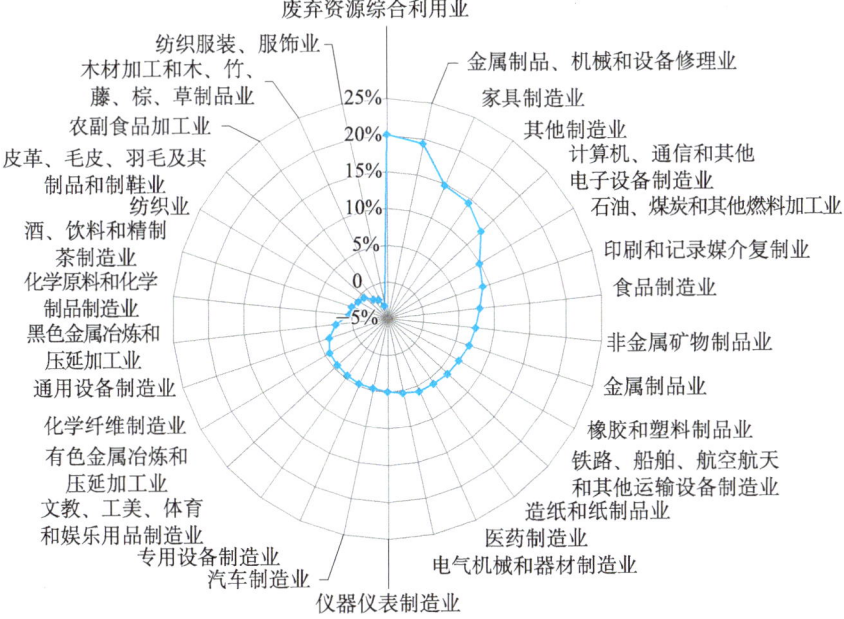

图 4-4 中国制造业创新条件实力指数年均增速（2013～2021 年）

第三节 创新产出实力指数

2021 年，中国制造业创新产出实力指数排名前 10 位的行业依次是"计算机、通信和其他电子设备制造业""电气机械和器材制造业""汽车制造业""专用设备制造业""通用设备制造业""铁路、船舶、航空航天和其他运输设备制造业""金属制品业""化学原料和化学制品制造业""仪器仪表制造业""非金属矿物制品业"。与 2013 年相比，排名前 10 位的行业中"计算机、通信和其他电子设备制造业""电气机械和器材制造业"的创新产出实力指数增长幅度较大。中国制造业创新产出实力指数排名后 10 位的行业依次是"农副食品加工业""其他制造业""印刷和记录媒介复制业""石油、煤炭和其他燃料加工业""皮革、毛皮、羽毛及其制品和制鞋业""酒、饮料和精制茶制造业""化学纤维制造业""木材加工和木、竹、藤、棕、草制品业""金属制品、机械和设备修理业""废弃资源综合利用业"。与 2013 年相比，排名后10 位的行业中"其他制造业""石油、煤炭和其他燃料加工业"的创新产出实力指数增长幅度较大，如图 4-5 所示。

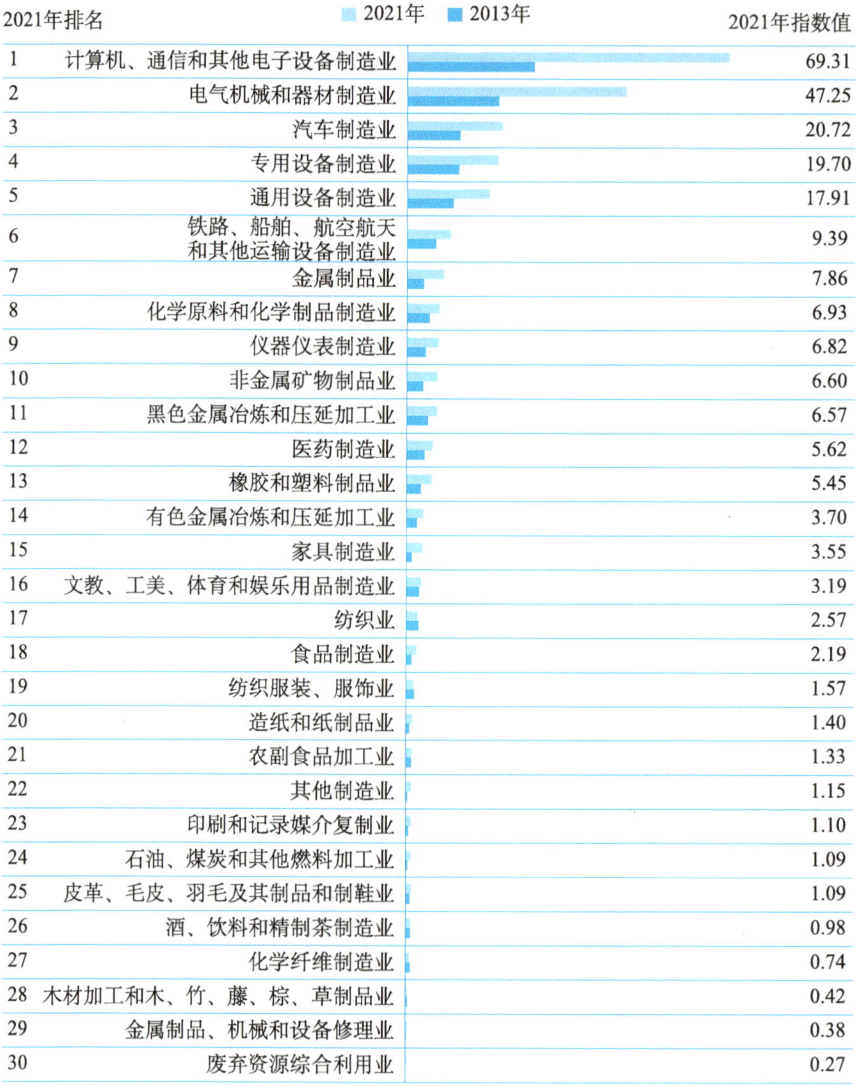

2021年排名		2021年指数值
1	计算机、通信和其他电子设备制造业	69.31
2	电气机械和器材制造业	47.25
3	汽车制造业	20.72
4	专用设备制造业	19.70
5	通用设备制造业	17.91
6	铁路、船舶、航空航天和其他运输设备制造业	9.39
7	金属制品业	7.86
8	化学原料和化学制品制造业	6.93
9	仪器仪表制造业	6.82
10	非金属矿物制品业	6.60
11	黑色金属冶炼和压延加工业	6.57
12	医药制造业	5.62
13	橡胶和塑料制品业	5.45
14	有色金属冶炼和压延加工业	3.70
15	家具制造业	3.55
16	文教、工美、体育和娱乐用品制造业	3.19
17	纺织业	2.57
18	食品制造业	2.19
19	纺织服装、服饰业	1.57
20	造纸和纸制品业	1.40
21	农副食品加工业	1.33
22	其他制造业	1.15
23	印刷和记录媒介复制业	1.10
24	石油、煤炭和其他燃料加工业	1.09
25	皮革、毛皮、羽毛及其制品和制鞋业	1.09
26	酒、饮料和精制茶制造业	0.98
27	化学纤维制造业	0.74
28	木材加工和木、竹、藤、棕、草制品业	0.42
29	金属制品、机械和设备修理业	0.38
30	废弃资源综合利用业	0.27

图例：■ 2021年　■ 2013年

图 4-5　中国制造业创新产出实力指数（2013 年、2021 年）

2013～2021 年，中国制造业创新产出实力指数年均增速排名前10 位的行业依次为"废弃资源综合利用业""其他制造业""家具制造业""石油、煤炭和其他燃料加工业""计算机、通信和其他电子设备制造业""电气机械和器材制造业""金属制品、机械和设备修理业""金属制品业""印刷和记录媒介复制业""非金属矿物制品业"。其中，"计算机、通信和其他电子设备制造业""电气机械和器材制造业""金属制品业""非金属矿物制品业"的 2021 年创新产出实力指数排名前 10位。在中国制造业创新产出实力指数年均增速排名后 10 位的行业中，"化学原料和化学制品制造业"的 2021 年创新产出实力指数排名前 10位，"皮革、毛皮、羽毛及其制品和制鞋业""农副食品加工业""木材加工和木、竹、藤、棕、草制品业""酒、饮料和精制茶制造业""化学纤维制造业"的 2021 年创新产出实力指数排名后 10 位，如图 4-6所示。

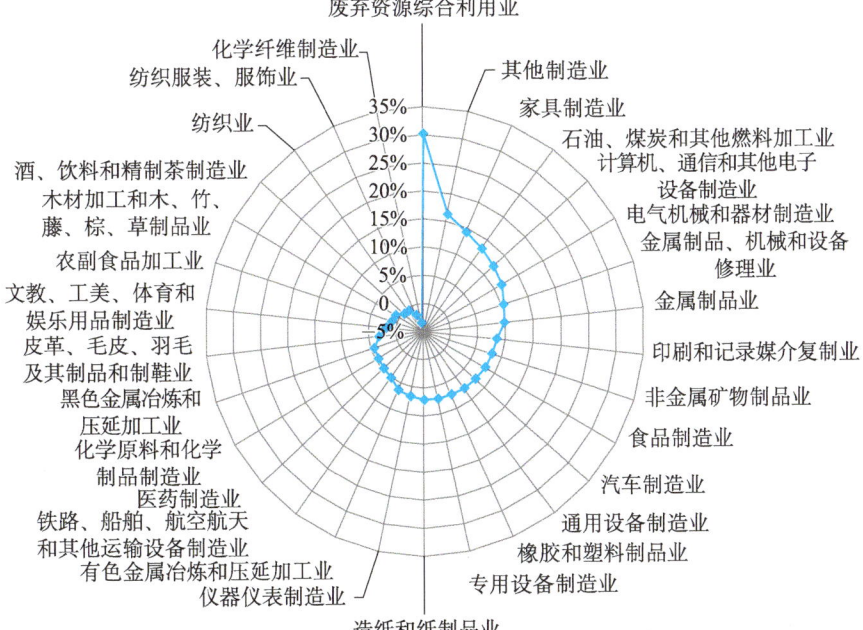

图 4-6 中国制造业创新产出实力指数年均增速（2013～2021 年）

第四节　创新影响实力指数

2021 年，中国制造业创新影响实力指数排名前 10 位的行业依次是"计算机、通信和其他电子设备制造业""电气机械和器材制造业""汽车制造业""医药制造业""化学原料和化学制品制造业""酒、饮料和精制茶制造业""铁路、船舶、航空航天和其他运输设备制造业""黑色金属冶炼和压延加工业""非金属矿物制品业""专用设备制造业"。与 2013 年相比，排名前 10 位的行业中，"酒、饮料和精制茶制造业""医药制造业""电气机械和器材制造业""计算机、通信和其他电子设备制造业"的创新影响实力指数增加幅度较大。中国制造业创新影响实力指数排名后 10 位的行业依次是"印刷和记录媒介复制业""化学纤维制造业""仪器仪表制造业""纺织服装、服饰业""家具制造业""皮革、毛皮、羽毛及其制品和制鞋业""木材加工和木、竹、藤、棕、草制品业""其他制造业""废弃资源综合利用业""金属制品、机械和设备修理业"。与 2013 年相比，排名后 10 位的行业中"化学纤维制造业""仪器仪表制造业"的创新影响实力指数增加幅度较大，如图 4-7 所示。

2013～2021 年，中国制造业创新影响实力指数年均增速排名前 10 位的行业依次为"酒、饮料和精制茶制造业""医药制造业""电气机械和器材制造业""铁路、船舶、航空航天和其他运输设备制造业""废弃资源综合利用业""黑色金属冶炼和压延加工业""化学纤维制造业""汽车制造业""化学原料和化学制品制造业""计算机、通信和其他电子设备制造业"，其中"酒、饮料和精制茶制造业""医药制造业""电气机械和器材制造业""铁路、船舶、航空航天和其他运输设备制造业""黑色金属冶炼和压延加工业""汽车制造业""化学原料和化学制品制造业""计算机、通信和其他电子设备制造业"的 2021 年创新影响实力指数排名前 10 位。中国制造业创新影响实力指数年均增

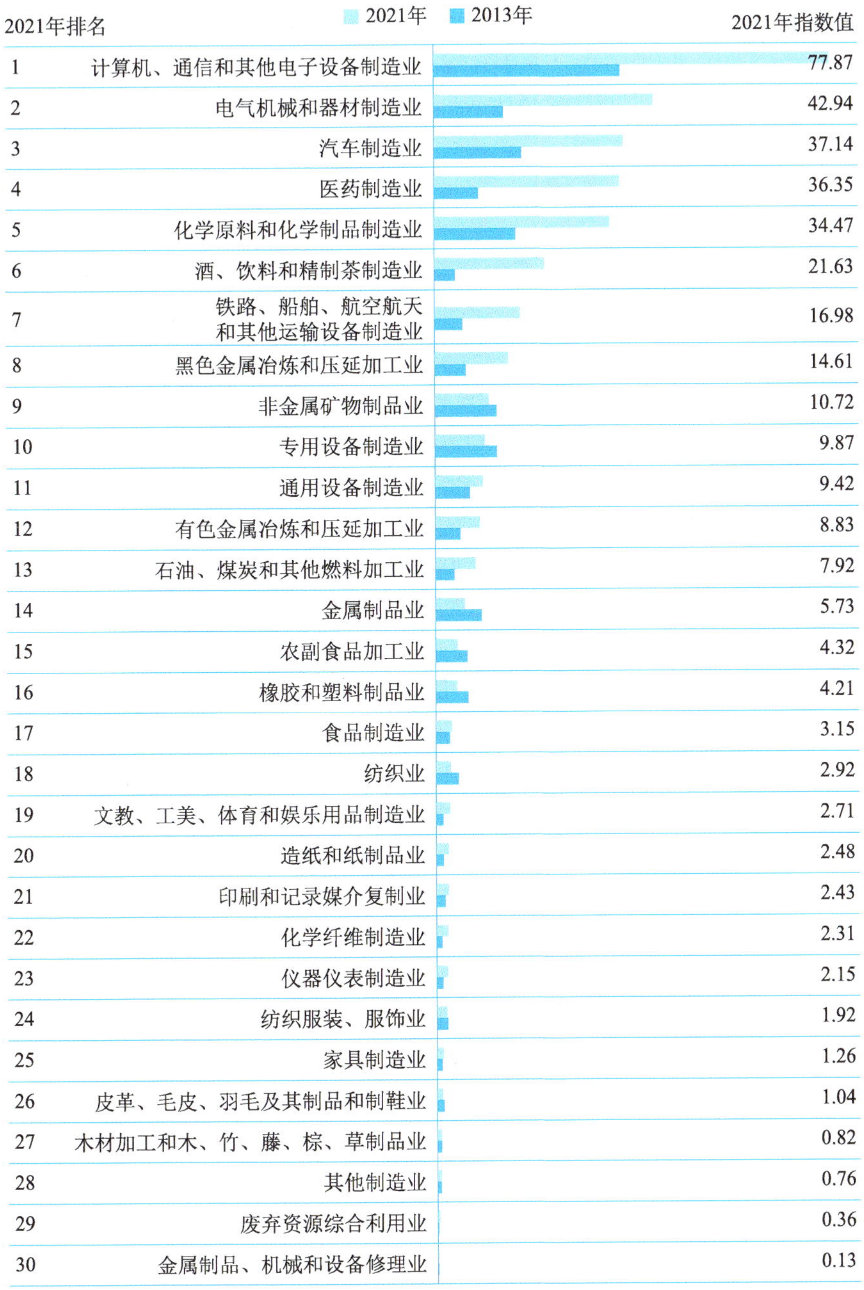

2021年排名		■2021年　■2013年	2021年指数值
1	计算机、通信和其他电子设备制造业		77.87
2	电气机械和器材制造业		42.94
3	汽车制造业		37.14
4	医药制造业		36.35
5	化学原料和化学制品制造业		34.47
6	酒、饮料和精制茶制造业		21.63
7	铁路、船舶、航空航天和其他运输设备制造业		16.98
8	黑色金属冶炼和压延加工业		14.61
9	非金属矿物制品业		10.72
10	专用设备制造业		9.87
11	通用设备制造业		9.42
12	有色金属冶炼和压延加工业		8.83
13	石油、煤炭和其他燃料加工业		7.92
14	金属制品业		5.73
15	农副食品加工业		4.32
16	橡胶和塑料制品业		4.21
17	食品制造业		3.15
18	纺织业		2.92
19	文教、工美、体育和娱乐用品制造业		2.71
20	造纸和纸制品业		2.48
21	印刷和记录媒介复制业		2.43
22	化学纤维制造业		2.31
23	仪器仪表制造业		2.15
24	纺织服装、服饰业		1.92
25	家具制造业		1.26
26	皮革、毛皮、羽毛及其制品和制鞋业		1.04
27	木材加工和木、竹、藤、棕、草制品业		0.82
28	其他制造业		0.76
29	废弃资源综合利用业		0.36
30	金属制品、机械和设备修理业		0.13

图 4-7　中国制造业创新影响实力指数（2013 年、2021 年）

速排名后 10 位的行业中，"非金属矿物制品业""专用设备制造业"的2021 年创新影响实力指数排名前 10 位，"其他制造业""木材加工和木、竹、藤、棕、草制品业""纺织服装、服饰业""皮革、毛皮、羽毛及其制品和制鞋业"的 2021 年创新影响实力指数排名后 10 位，如图 4-8所示。

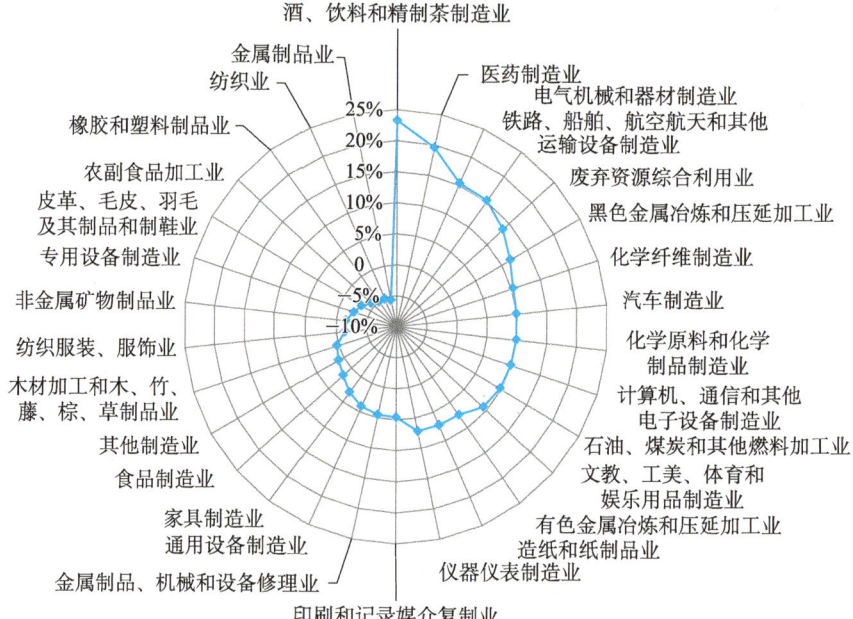

图 4-8　中国制造业创新影响实力指数年均增速（2013～2021 年）

第五章

中国制造业创新效力演进

第一节 创新投入效力指数

2021 年，中国制造业创新投入效力指数排名前 10 位的行业依次是"专用设备制造业""铁路、船舶、航空航天和其他运输设备制造业""仪器仪表制造业""医药制造业""计算机、通信和其他电子设备制造业""通用设备制造业""其他制造业""电气机械和器材制造业""汽车制造业""化学纤维制造业"。与 2013 年相比，排名前 10 位的行业中"其他制造业""专用设备制造业"的创新投入效力指数增加幅度较大。中国制造业创新投入效力指数排名后 10 位的行业依次是"黑色金属冶炼和压延加工业""印刷和记录媒介复制业""有色金属冶炼和压延加工业""文教、工美、体育和娱乐用品制造业""皮革、毛皮、羽毛及其制品和制鞋业""纺织服装、服饰业""石油、煤炭和其他燃料加工业""食品制造业""农副食品加工业""酒、饮料和精制茶制造业"。与 2013 年相比，排名后 10 位的行业中"文教、工美、体育和娱乐用品制造业""纺织服装、服饰业"的创新投入效力指数增加幅度较大，如图 5-1 所示。

2021年排名	■ 2021年　■ 2013年	2021年指数值
1	专用设备制造业	15.22
2	铁路、船舶、航空航天和其他运输设备制造业	14.78
3	仪器仪表制造业	14.75
4	医药制造业	12.93
5	计算机、通信和其他电子设备制造业	10.67
6	通用设备制造业	10.55
7	其他制造业	10.19
8	电气机械和器材制造业	9.66
9	汽车制造业	8.50
10	化学纤维制造业	8.11
11	橡胶和塑料制品业	8.08
12	金属制品、机械和设备修理业	8.00
13	金属制品业	7.20
14	家具制造业	6.75
15	化学原料和化学制品制造业	6.68
16	造纸和纸制品业	6.42
17	非金属矿物制品业	6.07
18	纺织业	6.06
19	木材加工和木、竹、藤、棕、草制品业	5.95
20	废弃资源综合利用业	5.74
21	黑色金属冶炼和压延加工业	5.74
22	印刷和记录媒介复制业	5.72
23	有色金属冶炼和压延加工业	5.44
24	文教、工美、体育和娱乐用品制造业	4.79
25	皮革、毛皮、羽毛及其制品和制鞋业	4.31
26	纺织服装、服饰业	3.89
27	石油、煤炭和其他燃料加工业	3.69
28	食品制造业	3.66
29	农副食品加工业	3.59
30	酒、饮料和精制茶制造业	2.61

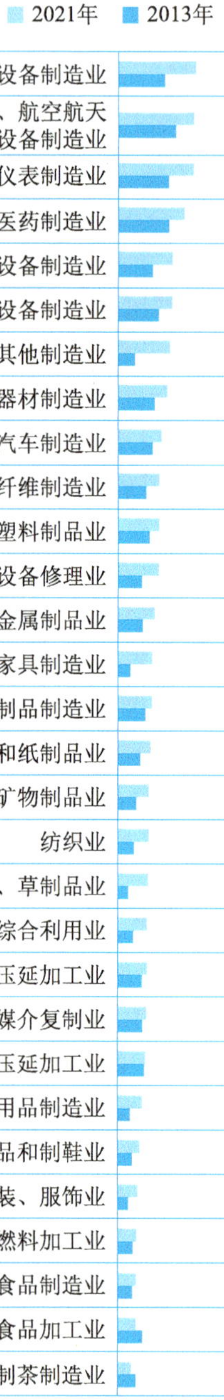

图 5-1　中国制造业创新投入效力指数（2013 年、2021 年）

2013～2021 年，中国制造业创新投入效力指数年均增速排名前 10 位的行业依次是"其他制造业""木材加工和木、竹、藤、棕、草制品业""家具制造业""文教、工美、体育和娱乐用品制造业""纺织服装、服饰业""纺织业""废弃资源综合利用业""金属制品、机械和设备修理业""专用设备制造业""非金属矿物制品业"，其中"专用设备制造业""其他制造业"的 2021 年创新投入效力指数排名前 10 位。中国制造业创新投入效力指数年均增速排名后 10 位的行业中，"医药制造业""汽车制造业"的 2021 年创新投入效力指数排名前 10 位，"石油、煤炭和其他燃料加工业""黑色金属冶炼和压延加工业""印刷和记录媒介复制业""有色金属冶炼和压延加工业""农副食品加工业""酒、饮料和精制茶制造业"的 2021 年创新投入效力指数排名后 10 位，如图 5-2 所示。

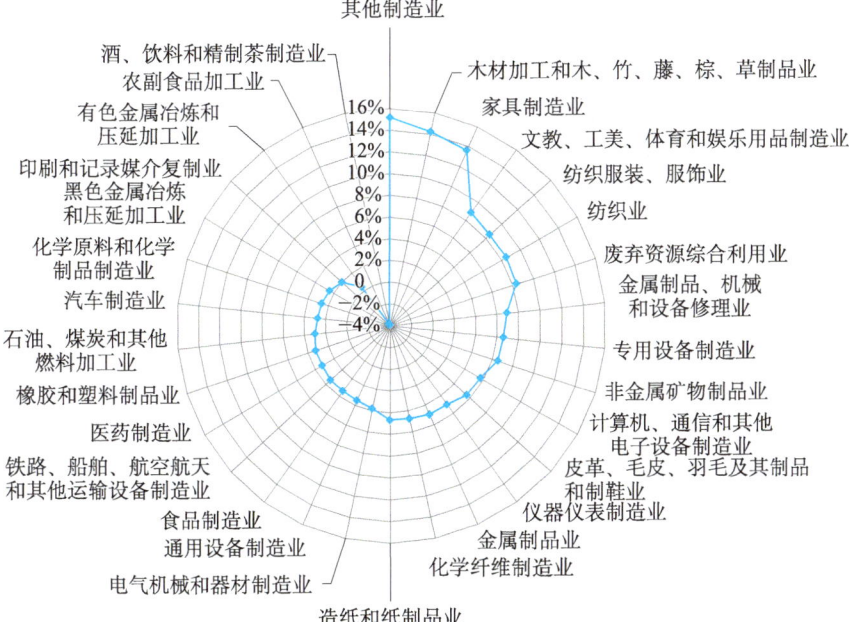

图 5-2　中国制造业创新投入效力指数年均增速（2013～2021 年）

第二节　创新条件效力指数

2021 年，中国制造业创新条件效力指数排名前 10 位的行业依次是"石油、煤炭和其他燃料加工业""黑色金属冶炼和压延加工业""化学纤维制造业""有色金属冶炼和压延加工业""铁路、船舶、航空航天和其他运输设备制造业""计算机、通信和其他电子设备制造业""医药制造业""化学原料和化学制品制造业""非金属矿物制品业""汽车制造业"。与 2013 年相比，排名前 10 位的行业中"黑色金属冶炼和压延加工业""石油、煤炭和其他燃料加工业""铁路、船舶、航空航天和其他运输设备制造业""有色金属冶炼和压延加工业""化学纤维制造业"的创新条件效力指数增加幅度较大。中国制造业创新条件效力指数排名后 10 位的行业依次是"废弃资源综合利用业""印刷和记录媒介复制业""金属制品、机械和设备修理业""农副食品加工业""纺织业""木材加工和木、竹、藤、棕、草制品业""家具制造业""文教、工美、体育和娱乐用品制造业""纺织服装、服饰业""皮革、毛皮、羽毛及其制品和制鞋业"。与 2013 年相比，排名后 10 位的行业中"废弃资源综合利用业""金属制品、机械和设备修理业""木材加工和木、竹、藤、棕、草制品业""家具制造业"的创新条件效力指数增加幅度较大，如图 5-3 所示。

2013～2021 年，中国制造业创新条件效力指数年均增速排名前 10 位的行业依次为"其他制造业""黑色金属冶炼和压延加工业""木材加工和木、竹、藤、棕、草制品业""非金属矿物制品业""金属制品、机械和设备修理业""家具制造业""废弃资源综合利用业""计算机、通信和其他电子设备制造业""食品制造业""铁路、船舶、航空航天和其他运输设备制造业"。其中，"黑色金属冶炼和压延加工业""非金属矿物制品业""计算机、通信和其他电子设备制造业""铁路、船舶、

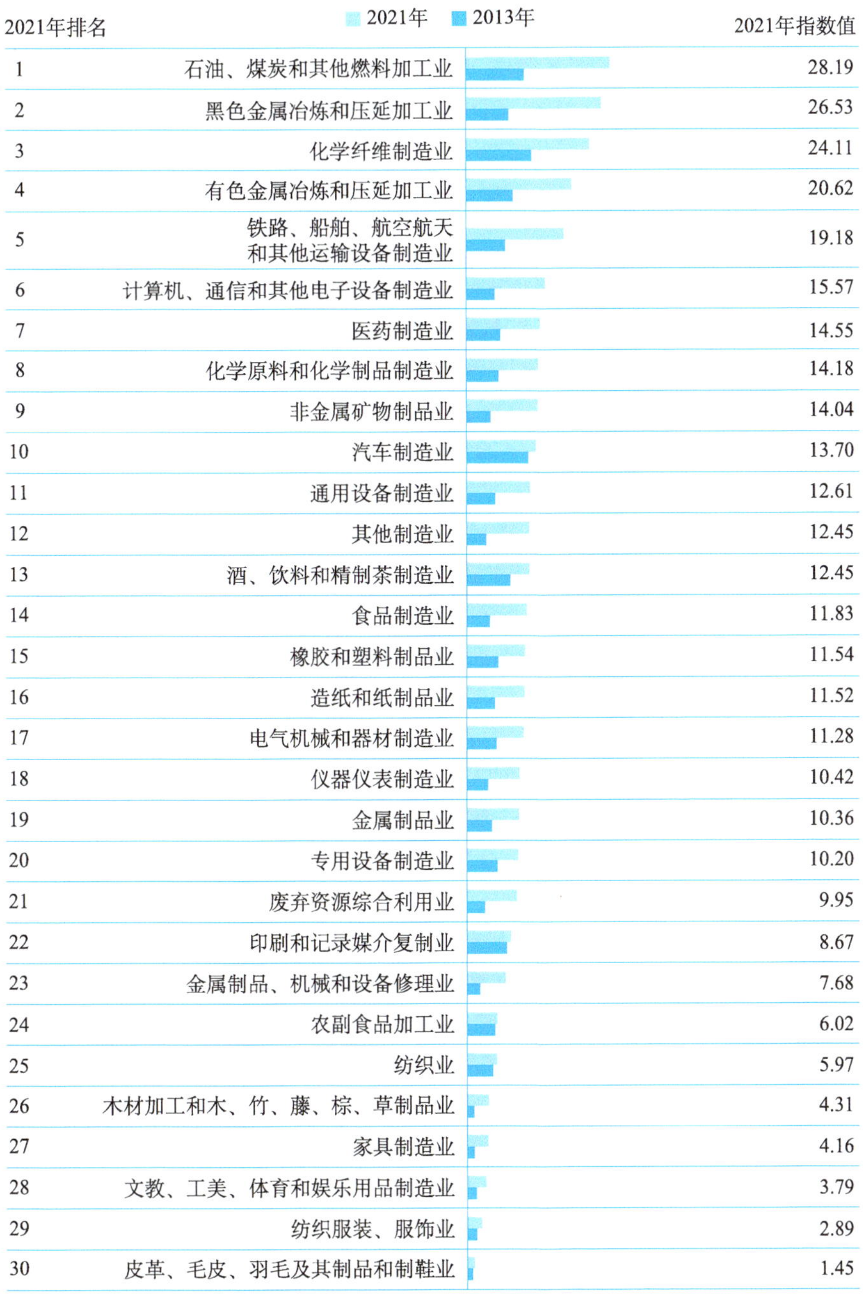

2021年排名		■ 2021年　■ 2013年	2021年指数值
1	石油、煤炭和其他燃料加工业		28.19
2	黑色金属冶炼和压延加工业		26.53
3	化学纤维制造业		24.11
4	有色金属冶炼和压延加工业		20.62
5	铁路、船舶、航空航天和其他运输设备制造业		19.18
6	计算机、通信和其他电子设备制造业		15.57
7	医药制造业		14.55
8	化学原料和化学制品制造业		14.18
9	非金属矿物制品业		14.04
10	汽车制造业		13.70
11	通用设备制造业		12.61
12	其他制造业		12.45
13	酒、饮料和精制茶制造业		12.45
14	食品制造业		11.83
15	橡胶和塑料制品业		11.54
16	造纸和纸制品业		11.52
17	电气机械和器材制造业		11.28
18	仪器仪表制造业		10.42
19	金属制品业		10.36
20	专用设备制造业		10.20
21	废弃资源综合利用业		9.95
22	印刷和记录媒介复制业		8.67
23	金属制品、机械和设备修理业		7.68
24	农副食品加工业		6.02
25	纺织业		5.97
26	木材加工和木、竹、藤、棕、草制品业		4.31
27	家具制造业		4.16
28	文教、工美、体育和娱乐用品制造业		3.79
29	纺织服装、服饰业		2.89
30	皮革、毛皮、羽毛及其制品和制鞋业		1.45

图 5-3　中国制造业创新条件效力指数（2013 年、2021 年）

航空航天和其他运输设备制造业"的 2021 年创新条件效力指数排名前 10 位。中国制造业创新条件效力指数年均增速排名后 10 位的行业中，"汽车制造业""化学纤维制造业"的 2021 年创新条件效力指数排名前 10 位，"纺织服装、服饰业""皮革、毛皮、羽毛及其制品和制鞋业""纺织业""印刷和记录媒介复制业""农副食品加工业"的 2021 年创新条件效力指数排名后 10 位，如图 5-4 所示。

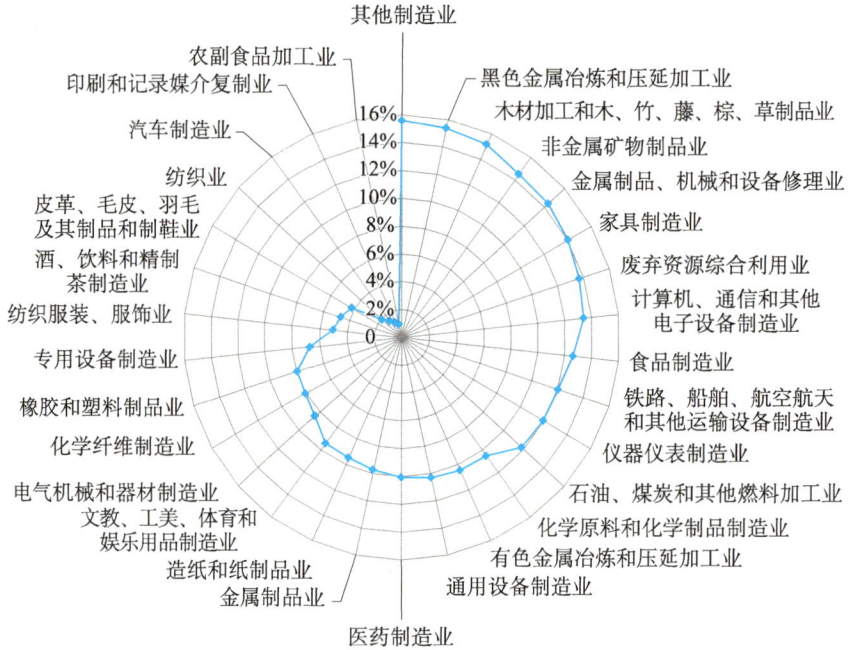

图 5-4　中国制造业创新条件效力指数年均增速（2013～2021 年）

第三节　创新产出效力指数

2021 年，中国制造业创新产出效力指数排名前 10 位的行业依次是"电气机械和器材制造业""仪器仪表制造业""专用设备制造业""计算机、通信和其他电子设备制造业""其他制造业""通用设备制造业""家具制造业""铁路、船舶、航空航天和其他运输设备制造业""金属制品、机械和设备修理业""文教、工美、体育和娱乐用品制造业"。与 2013 年相比，排名前 10 位的行业中"电气机械和器材制造业""专用设备制造业""铁路、船舶、航空航天和其他运输设备制造业"的创新产出效力指数增加幅度较大。中国制造业创新产出效力指数排名后 10 位的行业依次是"黑色金属冶炼和压延加工业""有色金属冶炼和压延加工业""木材加工和木、竹、藤、棕、草制品业""造纸和纸制品业""纺织服装、服饰业""纺织业""皮革、毛皮、羽毛及其制品和制鞋业""石油、煤炭和其他燃料加工业""农副食品加工业""化学纤维制造业"。与 2013 年相比，排名后 10 位的行业中"黑色金属冶炼和压延加工业""有色金属冶炼和压延加工业"的创新产出效力指数增加幅度较大，"化学纤维制造业""皮革、毛皮、羽毛及其制品和制鞋业""木材加工和木、竹、藤、棕、草制品业""纺织服装、服饰业""农副食品加工业""纺织业"的创新产出效力指数有所下降，如图 5-5 所示。

2013～2021 年，中国制造业创新产出效力指数年均增速排名前 10 位的行业依次为"汽车制造业""铁路、船舶、航空航天和其他运输设备制造业""电气机械和器材制造业""黑色金属冶炼和压延加工业""通用设备制造业""有色金属冶炼和压延加工业""酒、饮料和精制茶制造业""专用设备制造业""石油、煤炭和其他燃料加工业""食品制造业"，其中"铁路、船舶、航空航天和其他运输设备制造业""电气机械和器材制造业""通用设备制造业""专用设备制造业"的 2021 年创新产出效力指数排名前 10 位。中国制造业创新产出效力指数年均增速排名后 10 位的行业中，"文教、工美、体育和娱乐用品制造业""家具制造业"的 2021 年创新产出效力指数排名前 10 位，"纺织业""纺织服装、服饰业""木材加工和木、竹、藤、棕、草制品业""农副食品加工业""皮革、毛皮、羽毛及其制品和制鞋业""化学纤维制造业"的 2021 年创新产出效力指数排名后 10 位，如图 5-6 所示。

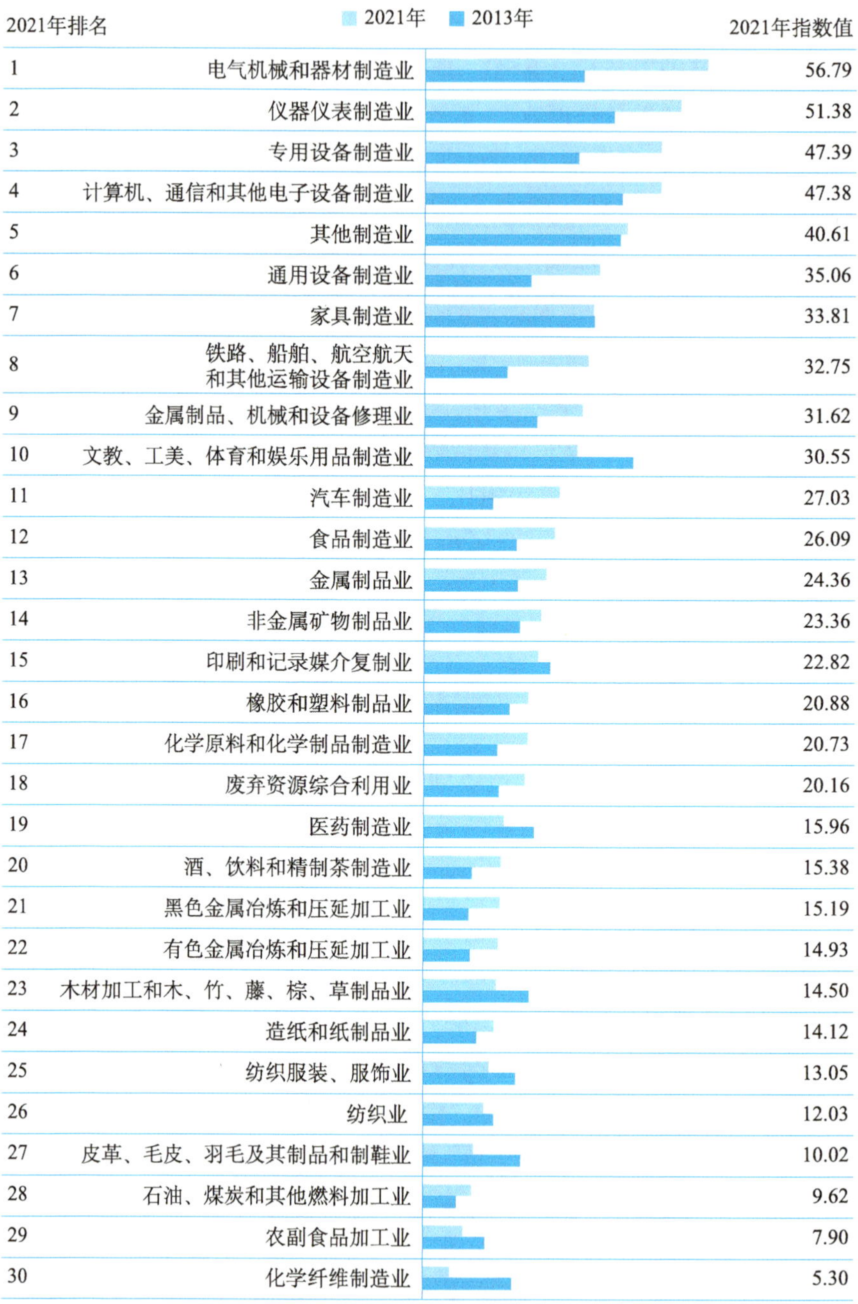

2021年排名		■ 2021年 ■ 2013年	2021年指数值
1	电气机械和器材制造业		56.79
2	仪器仪表制造业		51.38
3	专用设备制造业		47.39
4	计算机、通信和其他电子设备制造业		47.38
5	其他制造业		40.61
6	通用设备制造业		35.06
7	家具制造业		33.81
8	铁路、船舶、航空航天和其他运输设备制造业		32.75
9	金属制品、机械和设备修理业		31.62
10	文教、工美、体育和娱乐用品制造业		30.55
11	汽车制造业		27.03
12	食品制造业		26.09
13	金属制品业		24.36
14	非金属矿物制品业		23.36
15	印刷和记录媒介复制业		22.82
16	橡胶和塑料制品业		20.88
17	化学原料和化学制品制造业		20.73
18	废弃资源综合利用业		20.16
19	医药制造业		15.96
20	酒、饮料和精制茶制造业		15.38
21	黑色金属冶炼和压延加工业		15.19
22	有色金属冶炼和压延加工业		14.93
23	木材加工和木、竹、藤、棕、草制品业		14.50
24	造纸和纸制品业		14.12
25	纺织服装、服饰业		13.05
26	纺织业		12.03
27	皮革、毛皮、羽毛及其制品和制鞋业		10.02
28	石油、煤炭和其他燃料加工业		9.62
29	农副食品加工业		7.90
30	化学纤维制造业		5.30

图 5-5　中国制造业创新产出效力指数（2013 年、2021 年）

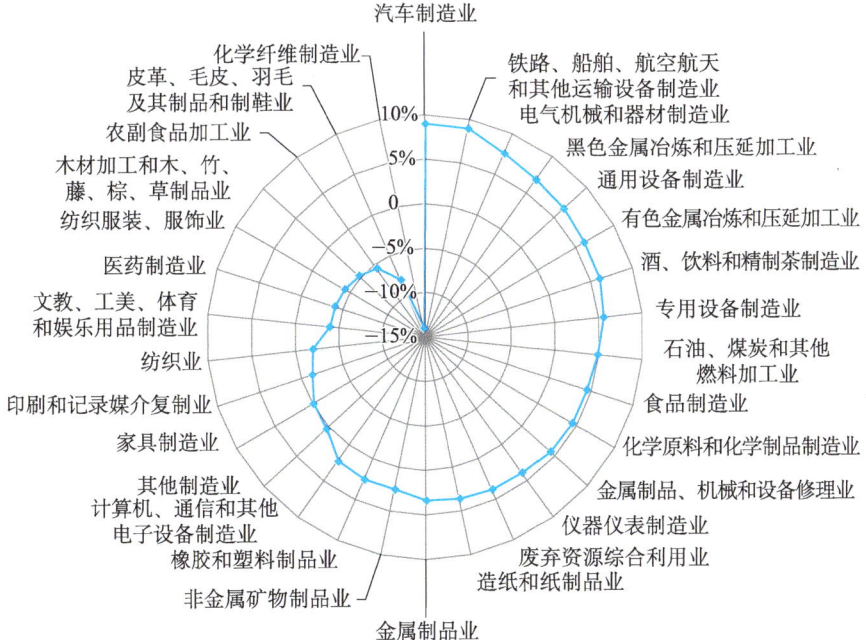

图 5-6　中国制造业创新产出效力指数年均增速（2013～2021 年）

第四节　创新影响效力指数

2021 年，中国制造业创新影响效力指数排名前 10 位的行业依次是"医药制造业""仪器仪表制造业""酒、饮料和精制茶制造业""计算机、通信和其他电子设备制造业""金属制品、机械和设备修理业""专用设备制造业""其他制造业""文教、工美、体育和娱乐用品制造业""铁路、船舶、航空航天和其他运输设备制造业"."皮革、毛皮、羽毛及其制品和制鞋业"。与 2013 年相比，排名前 10 位的行业中"医药制造业""酒、饮料和精制茶制造业"的创新影响效力指数增加幅度较大。中国制造业创新影响效力指数排名后 10 位的行业依次是"纺织业""木材加工和木、竹、藤、棕、草制品业""黑色金属冶炼和压延加工业""非金属矿物制品业”"化学纤维制造业""造纸和纸制品业""有色金属冶炼和压延加工业""农副食品加工业""石油、煤炭和其他燃料加工业""废弃资源综合利用业"。与 2013 年相比，排名后 10 位的行业中"废弃资源综合利用业""农副食品加工业""木材加工和木、竹、藤、棕、草制品业""非金属矿物制品业"的创新影响效力指数有所下降，如图 5-7 所示。

2021年排名		■ 2021年　■ 2013年	2021年指数值
1	医药制造业		40.36
2	仪器仪表制造业		36.09
3	酒、饮料和精制茶制造业		31.44
4	计算机、通信和其他电子设备制造业		30.41
5	金属制品、机械和设备修理业		27.76
6	专用设备制造业		24.40
7	其他制造业		23.11
8	文教、工美、体育和娱乐用品制造业		22.20
9	铁路、船舶、航空航天和其他运输设备制造业		22.04
10	皮革、毛皮、羽毛及其制品和制鞋业		21.05
11	电气机械和器材制造业		20.42
12	汽车制造业		18.21
13	家具制造业		18.12
14	通用设备制造业		17.39
15	橡胶和塑料制品业		15.80
16	食品制造业		14.99
17	印刷和记录媒介复制业		14.14
18	纺织服装、服饰业		14.12
19	化学原料和化学制品制造业		13.99
20	金属制品业		13.53
21	纺织业		13.32
22	木材加工和木、竹、藤、棕、草制品业		13.21
23	黑色金属冶炼和压延加工业		13.05
24	非金属矿物制品业		12.88
25	化学纤维制造业		12.24
26	造纸和纸制品业		11.04
27	有色金属冶炼和压延加工业		10.84
28	农副食品加工业		10.81
29	石油、煤炭和其他燃料加工业		9.49
30	废弃资源综合利用业		7.19

图 5-7　中国制造业创新影响效力指数（2013 年、2021 年）

2013～2021 年，中国制造业创新影响效力指数年均增速排名前 10 位的行业依次为"医药制造业""石油、煤炭和其他燃料加工业""酒、饮料和精制茶制造业""纺织业""有色金属冶炼和压延加工业""化学原料和化学制品制造业""其他制造业""金属制品、机械和设备修理业""仪器仪表制造业""造纸和纸制品业"。其中，"医药制造业""酒、饮料和精制茶制造业""其他制造业""金属制品、机械和设备修理业""仪器仪表制造业"的 2021 年创新影响效力指数排名前 10 位。中国制造业创新影响效力指数年均增速排名后 10 位的行业中，"非金属矿物制品业""木材加工和木、竹、藤、棕、草制品业""农副食品加工业""废弃资源综合利用业"的 2021 年创新影响效力指数排名后 10 位，如图 5-8 所示。

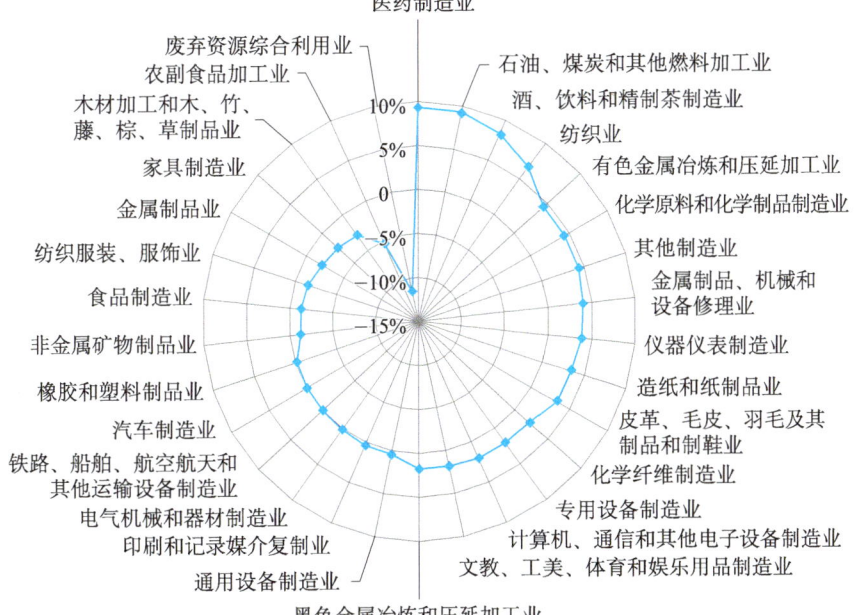

图 5-8　中国制造业创新影响效力指数年均增速（2013～2021 年）

第六章

中国制造业创新发展指数演进

第一节　创新发展指数

2021 年，中国制造业创新发展指数排名前 10 位的行业依次是"仪器仪表制造业""医药制造业""计算机、通信和其他电子设备制造业""专用设备制造业""电气机械和器材制造业""铁路、船舶、航空航天和其他运输设备制造业""其他制造业""通用设备制造业""酒、饮料和精制茶制造业""化学原料和化学制品制造业"。与 2013 年相比，排名前 10 位的行业中"仪器仪表制造业""医药制造业""铁路、船舶、航空航天和其他运输设备制造业""计算机、通信和其他电子设备制造业"的创新发展指数增加幅度较大。中国制造业创新发展指数排名后 10 位的行业依次是"农副食品加工业""印刷和记录媒介复制业""木材加工和木、竹、藤、棕、草制品业""废弃资源综合利用业""金属制品、机械和设备修理业""化学纤维制造业""皮革、毛皮、羽毛及其制品和制鞋业""纺织服装、服饰业""造纸和纸制品业""纺织业"。与 2013 年相比，排名后 10 位的行业中"废弃资源综合利用业""化学纤维制造业"的创新发展指数增加幅度较大，如图 6-1 所示。

2021年排名		2021年指数值
1	仪器仪表制造业	45.31
2	医药制造业	41.16
3	计算机、通信和其他电子设备制造业	40.22
4	专用设备制造业	30.88
5	电气机械和器材制造业	30.01
6	铁路、船舶、航空航天和其他运输设备制造业	29.07
7	其他制造业	25.13
8	通用设备制造业	23.19
9	酒、饮料和精制茶制造业	22.28
10	化学原料和化学制品制造业	21.24
11	汽车制造业	20.34
12	食品制造业	18.59
13	文教、工美、体育和娱乐用品制造业	17.91
14	黑色金属冶炼和压延加工业	17.19
15	有色金属冶炼和压延加工业	15.95
16	石油、煤炭和其他燃料加工业	15.94
17	金属制品业	15.70
18	非金属矿物制品业	15.67
19	橡胶和塑料制品业	15.31
20	家具制造业	15.26
21	农副食品加工业	15.23
22	印刷和记录媒介复制业	14.83
23	木材加工和木、竹、藤、棕、草制品业	14.18
24	废弃资源综合利用业	14.00
25	金属制品、机械和设备修理业	13.61
26	化学纤维制造业	13.38
27	皮革、毛皮、羽毛及其制品和制鞋业	12.58
28	纺织服装、服饰业	12.49
29	造纸和纸制品业	12.04
30	纺织业	10.97

图 6-1 中国制造业创新发展指数（2013 年、2021 年）

2013～2021 年，中国制造业创新发展指数年均增速排名前 10 位的行业依次为"仪器仪表制造业""其他制造业""铁路、船舶、航空航天和其他运输设备制造业""医药制造业""酒、饮料和精制茶制造业""通用设备制造业""专用设备制造业""化学原料和化学制品制造业""黑色金属冶炼和压延加工业""电气机械和器材制造业"，其中"仪器仪表制造业""其他制造业""铁路、船舶、航空航天和其他运输设备制造业""医药制造业""酒、饮料和精制茶制造业""通用设备制造业""专用设备制造业""化学原料和化学制品制造业""电气机械和器材制造业" 9 个行业的 2021 年创新发展指数排名前 10 位。中国制造业创新发展指数年均增速排名后 10 位的行业中，"造纸和纸制品业""印刷和记录媒介复制业""金属制品、机械和设备修理业""纺织业""皮革、毛皮、羽毛及其制品和制鞋业""纺织服装、服饰业""农副食品加工业""木材加工和木、竹、藤、棕、草制品业" 8 个行业的 2021 年创新发展指数排名后 10 位，如图 6-2 所示。

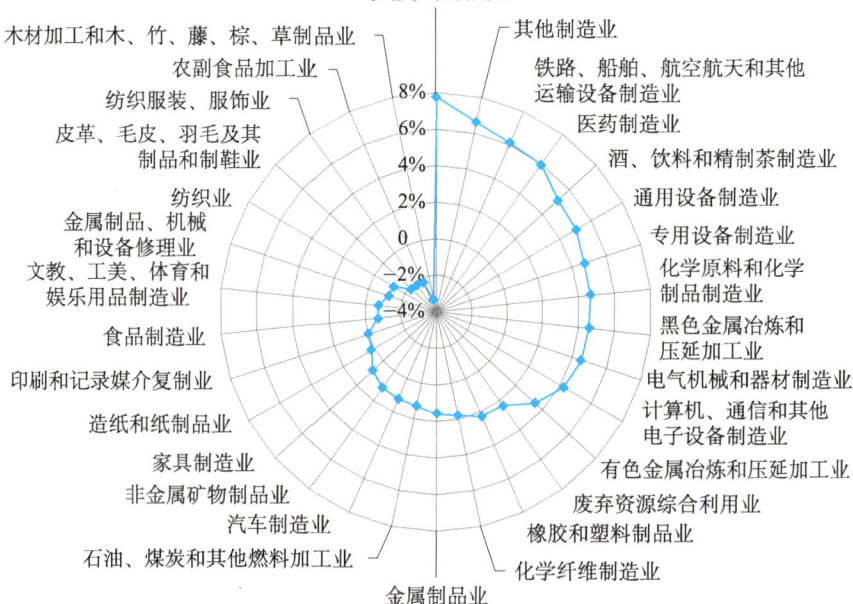

图 6-2　中国制造业创新发展指数年均增速（2013～2021 年）

第二节　科技发展指数

2021 年，中国制造业科技发展指数排名前 10 位的行业依次是"计算机、通信和其他电子设备制造业""仪器仪表制造业""铁路、船舶、航空航天和其他运输设备制造业""医药制造业""专用设备制造业""其他制造业""电气机械和器材制造业""通用设备制造业""化学原料和化学制品制造业""黑色金属冶炼和压延加工业"。与 2013 年相比，排名前 10 位的行业中"铁路、船舶、航空航天和其他运输设备制造业""其他制造业""计算机、通信和其他电子设备制造业"的科技发展指数增加幅度较大。中国制造业科技发展指数排名后 10 位的行业依次是"金属制品、机械和设备修理业""橡胶和塑料制品业""酒、饮料和精制茶制造业""化学纤维制造业""家具制造业""造纸和纸制品业""文教、工美、体育和娱乐用品制造业""纺织业""纺织服装、服饰业""皮革、毛皮、羽毛及其制品和制鞋业"。与 2013 年相比，排名后 10 位的行业中"金属制品、机械和设备修理业""橡胶和塑料制品业"的科技发展指数增加幅度较大，"文教、工美、体育和娱乐用品制造业""造纸和纸制品业""皮革、毛皮、羽毛及其制品和制鞋业""纺织业""纺织服装、服饰业"的科技发展指数下降幅度较大，如图 6-3 所示。

2013～2021 年，中国制造业科技发展指数年均增速排名前 10 位的行业依次为"铁路、船舶、航空航天和其他运输设备制造业""其他制造业""电气机械和器材制造业""通用设备制造业""汽车制造业""计算机、通信和其他电子设备制造业""废弃资源综合利用业""仪器仪表制造业""专用设备制造业""金属制品、机械和设备修理业"。其中，"铁路、船舶、航空航天和其他运输设备制造业""其他制造业""电气机械和器材制造业""通用设备制造业""计算机、通信和其他电子设

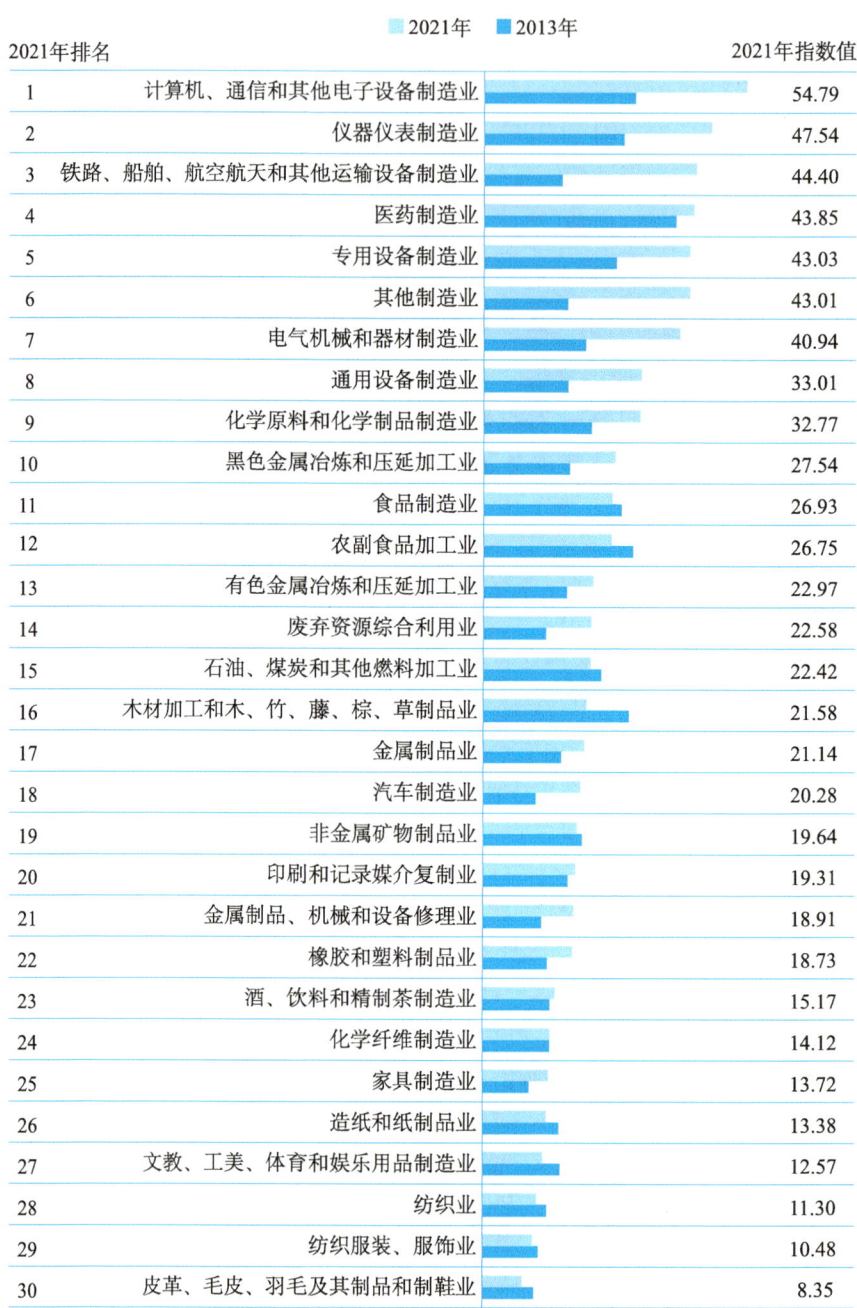

2021年排名		2021年指数值
1	计算机、通信和其他电子设备制造业	54.79
2	仪器仪表制造业	47.54
3	铁路、船舶、航空航天和其他运输设备制造业	44.40
4	医药制造业	43.85
5	专用设备制造业	43.03
6	其他制造业	43.01
7	电气机械和器材制造业	40.94
8	通用设备制造业	33.01
9	化学原料和化学制品制造业	32.77
10	黑色金属冶炼和压延加工业	27.54
11	食品制造业	26.93
12	农副食品加工业	26.75
13	有色金属冶炼和压延加工业	22.97
14	废弃资源综合利用业	22.58
15	石油、煤炭和其他燃料加工业	22.42
16	木材加工和木、竹、藤、棕、草制品业	21.58
17	金属制品业	21.14
18	汽车制造业	20.28
19	非金属矿物制品业	19.64
20	印刷和记录媒介复制业	19.31
21	金属制品、机械和设备修理业	18.91
22	橡胶和塑料制品业	18.73
23	酒、饮料和精制茶制造业	15.17
24	化学纤维制造业	14.12
25	家具制造业	13.72
26	造纸和纸制品业	13.38
27	文教、工美、体育和娱乐用品制造业	12.57
28	纺织业	11.30
29	纺织服装、服饰业	10.48
30	皮革、毛皮、羽毛及其制品和制鞋业	8.35

2021年　2013年

图 6-3　中国制造业科技发展指数（2013 年、2021 年）

备制造业""仪器仪表制造业""专用设备制造业"7个行业的2021年科技发展指数排名前10位。中国制造业科技发展指数年均增速排名后10位的行业中，"纺织服装、服饰业""纺织业""造纸和纸制品业""文教、工美、体育和娱乐用品制造业""皮革、毛皮、羽毛及其制品和制鞋业"5个行业的2021年科技发展指数排名后10位，如图6-4所示。

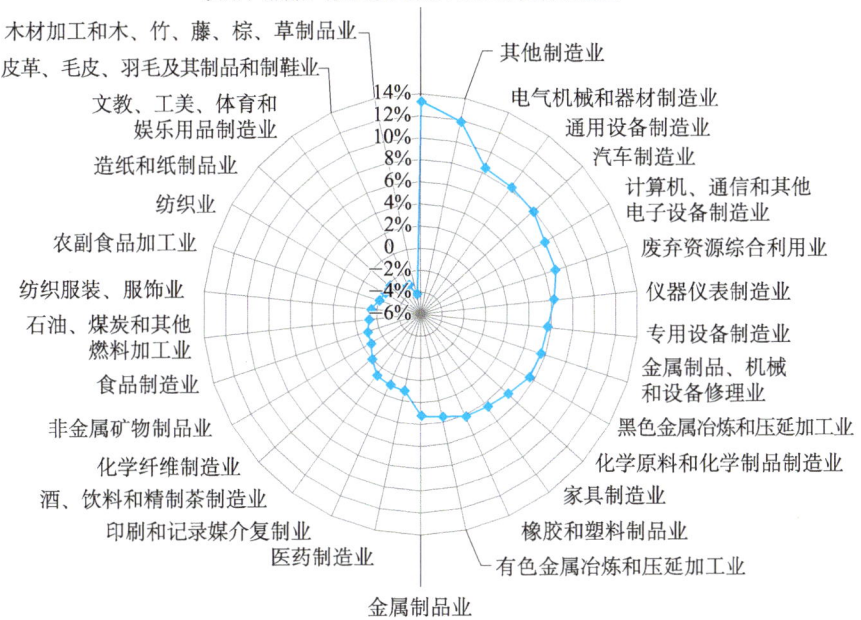

图6-4　中国制造业科技发展指数年均增速（2013～2021年）

第三节　经济发展指数

2021年，中国制造业经济发展指数排名前10位的行业依次是"医药制造业""计算机、通信和其他电子设备制造业""文教、工美、体育和娱乐用品制造业""酒、饮料和精制茶制造业""电气机械和器材制造业""铁路、船舶、航空航天和其他运输设备制造业""专用设备制造业""仪器仪表制造业""化学原料和化学制品制造业""通用设备制造业"。与2013年相比，排名前10位的行业中"医药制造业""酒、饮料和精制茶制造业""化学原料和化学制品制造业"的经济发展指数大幅上升。中国制造业经济发展指数排名后10位的行业依次是"纺织业""造纸和纸制品业""纺织服装、服饰业""黑色金属冶炼和压延加工业""食品制造业""印刷和记录媒介复制业""木材加工和木、竹、藤、棕、草制品业""废弃资源综合利用业""农副食品加工业""金属制品、机械和设备修理业"。与2013年相比，排名后10位的行业中"黑色金属冶炼和压延加工业""造纸和纸制品业"的经济发展指数有所上升，其他行业经济发展指数均有所下降，其中"金属制品、机械和设备修理业"的降幅最为显著，如图6-5所示。

2013～2021年，中国制造业经济发展指数年均增速排名前10位的行业依次为"医药制造业""石油、煤炭和其他燃料加工业""酒、饮料和精制茶制造业""化学原料和化学制品制造业""有色金属冶炼和压延加工业""非金属矿物制品业""黑色金属冶炼和压延加工业""化学纤维制造业""造纸和纸制品业""专用设备制造业"。其中，"医药制造业""酒、饮料和精制茶制造业""化学原料和化学制品制造业""专用设备制造业"的2021年经济发展指数排名前10位。中国制造业经济发展指数年均增速排名后10位的行业中，"铁路、船舶、航空航天和其他运输设备制造业"的2021年经济发展指数排名前10位，"废弃资源综合利用业""纺织服装、服饰业""农副食品加工业""印刷和记录媒介复制业""木材加工和木、竹、藤、棕、草制品业""金属制品、机械和设备修理业"的2021年经济发展指数排名后10位，如图6-6所示。

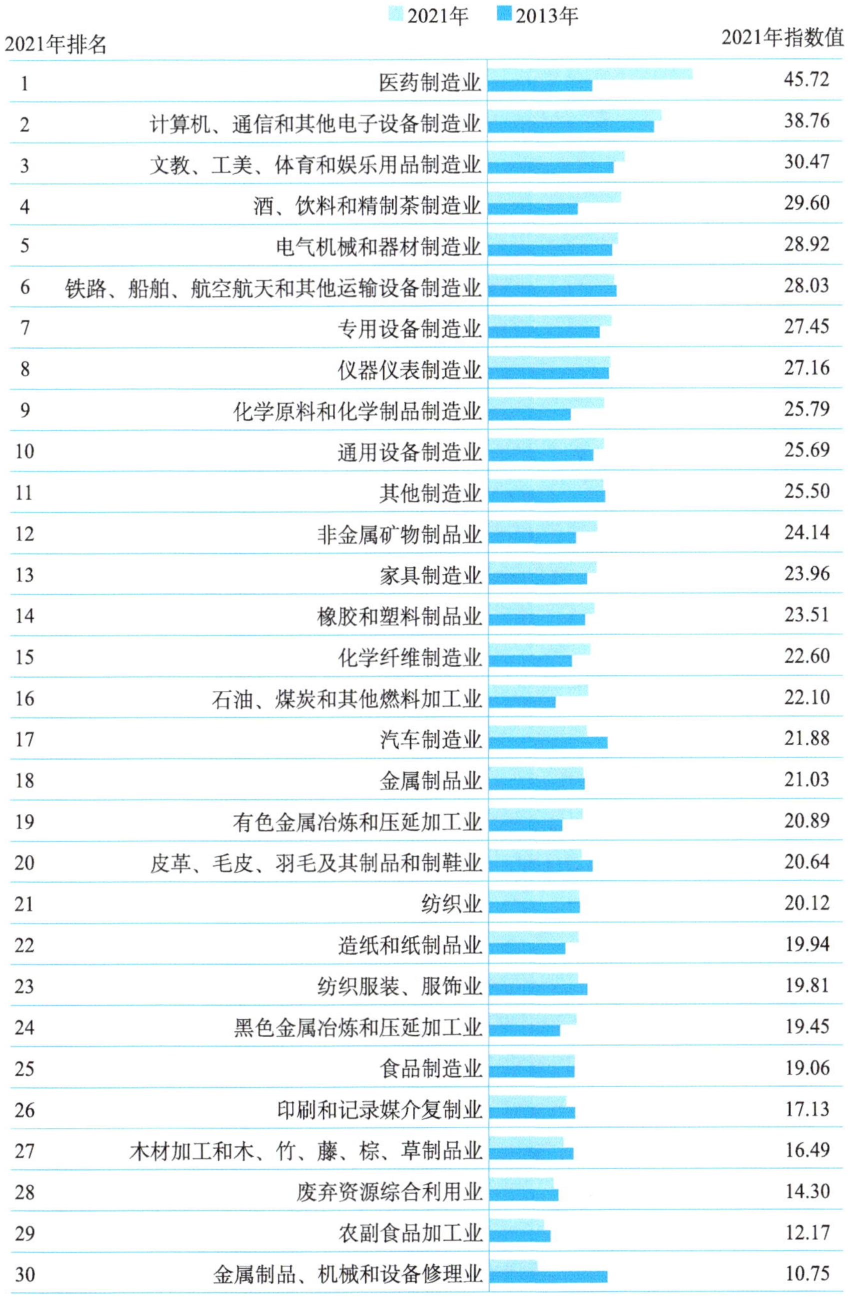

■ 2021年　■ 2013年

2021年排名		2021年指数值
1	医药制造业	45.72
2	计算机、通信和其他电子设备制造业	38.76
3	文教、工美、体育和娱乐用品制造业	30.47
4	酒、饮料和精制茶制造业	29.60
5	电气机械和器材制造业	28.92
6	铁路、船舶、航空航天和其他运输设备制造业	28.03
7	专用设备制造业	27.45
8	仪器仪表制造业	27.16
9	化学原料和化学制品制造业	25.79
10	通用设备制造业	25.69
11	其他制造业	25.50
12	非金属矿物制品业	24.14
13	家具制造业	23.96
14	橡胶和塑料制品业	23.51
15	化学纤维制造业	22.60
16	石油、煤炭和其他燃料加工业	22.10
17	汽车制造业	21.88
18	金属制品业	21.03
19	有色金属冶炼和压延加工业	20.89
20	皮革、毛皮、羽毛及其制品和制鞋业	20.64
21	纺织业	20.12
22	造纸和纸制品业	19.94
23	纺织服装、服饰业	19.81
24	黑色金属冶炼和压延加工业	19.45
25	食品制造业	19.06
26	印刷和记录媒介复制业	17.13
27	木材加工和木、竹、藤、棕、草制品业	16.49
28	废弃资源综合利用业	14.30
29	农副食品加工业	12.17
30	金属制品、机械和设备修理业	10.75

图 6-5　中国制造业经济发展指数（2013 年、2021 年）

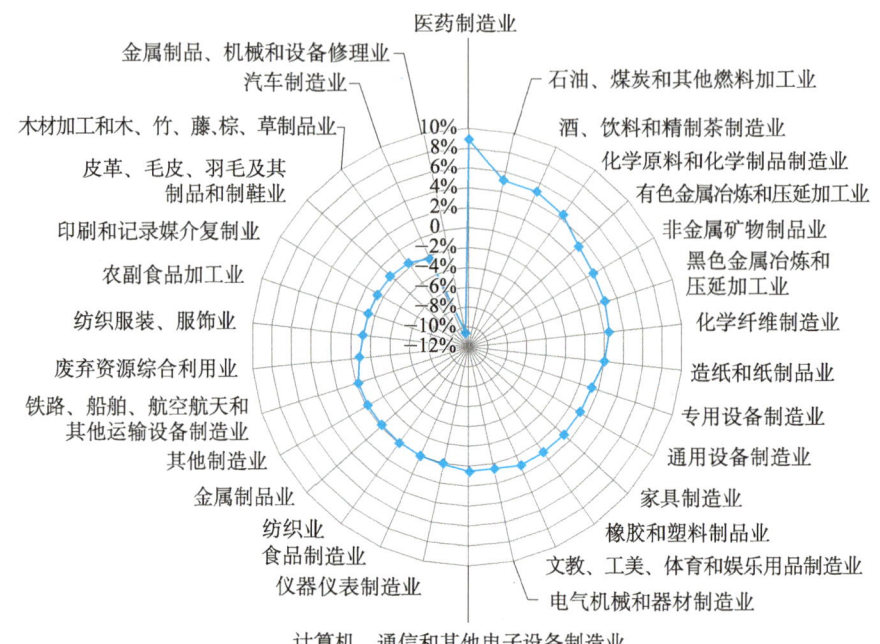

图 6-6　中国制造业经济发展指数年均增速（2013～2021 年）

第四节　环境发展指数

　　2021 年，中国制造业环境发展指数排名前 10 位的行业依次是"仪器仪表制造业""医药制造业""酒、饮料和精制茶制造业""计算机、通信和其他电子设备制造业""汽车制造业""专用设备制造业""电气机械和器材制造业""文教、工美、体育和娱乐用品制造业""皮革、毛皮、羽毛及其制品和制鞋业""通用设备制造业"。与 2013 年相比，排名前 10 位的行业中"仪器仪表制造业""医药制造业""酒、饮料和精制茶制造业""专用设备制造业"的环境发展指数增加幅度明显大于其他 6 个行业。中国制造业环境发展指数排名后 10 位的行业依次是

"造纸和纸制品业""木材加工和木、竹、藤、棕、草制品业""非金属矿物制品业""废弃资源综合利用业""有色金属冶炼和压延加工业""纺织业""化学原料和化学制品制造业""黑色金属冶炼和压延加工业""石油、煤炭和其他燃料加工业""其他制造业"。与 2013 年相比，排名后 10 位的行业中"非金属矿物制品业"的环境发展指数增加幅度较大，"废弃资源综合利用业"的环境发展指数降幅较为明显，如图 6-7 所示。

2021年排名	行业	■2021年 ■2013年	2021年指数值
1	仪器仪表制造业		60.48
2	医药制造业		33.02
3	酒、饮料和精制茶制造业		24.44
4	计算机、通信和其他电子设备制造业		22.25
5	汽车制造业		18.88
6	专用设备制造业		18.10
7	电气机械和器材制造业		16.53
8	文教、工美、体育和娱乐用品制造业		12.47
9	皮革、毛皮、羽毛及其制品和制鞋业		10.14
10	通用设备制造业		9.66
11	家具制造业		9.40
12	铁路、船舶、航空航天和其他运输设备制造业		8.62
13	金属制品、机械和设备修理业		7.85
14	纺织服装、服饰业		7.59
15	食品制造业		6.99
16	印刷和记录媒介复制业		6.55
17	化学纤维制造业		3.19
18	金属制品业		3.11
19	农副食品加工业		2.94
20	橡胶和塑料制品业		2.55
21	造纸和纸制品业		2.37
22	木材加工和木、竹、藤、棕、草制品业		2.26
23	非金属矿物制品业		2.00
24	废弃资源综合利用业		1.90
25	有色金属冶炼和压延加工业		1.65
26	纺织业		1.37
27	化学原料和化学制品制造业		1.33
28	黑色金属冶炼和压延加工业		1.14
29	石油、煤炭和其他燃料加工业		1.12
30	其他制造业		0.91

图 6-7　中国制造业环境发展指数（2013 年、2021 年）

2013～2021 年，中国制造业环境发展指数年均增速排名前 10 位的行业依次为"石油、煤炭和其他燃料加工业""黑色金属冶炼和压延加工业""仪器仪表制造业""医药制造业""非金属矿物制品业""化学纤维制造业""酒、饮料和精制茶制造业""专用设备制造业""化学原料和化学制品制造业""有色金属冶炼和压延加工业"。其中，"仪器仪表制造业""医药制造业""酒、饮料和精制茶制造业""专用设备制造业"的 2021 年环境发展指数排名前 10 位。中国制造业环境发展指数年均增速排名后 10 位的行业中，"文教、工美、体育和娱乐用品制造业""皮革、毛皮、羽毛及其制品和制鞋业"的 2021 年环境发展指数排名前 10位，"木材加工和木、竹、藤、棕、草制品业""纺织业""废弃资源综合利用业"的 2021 年环境发展指数排名后 10 位，如图 6-8 所示。

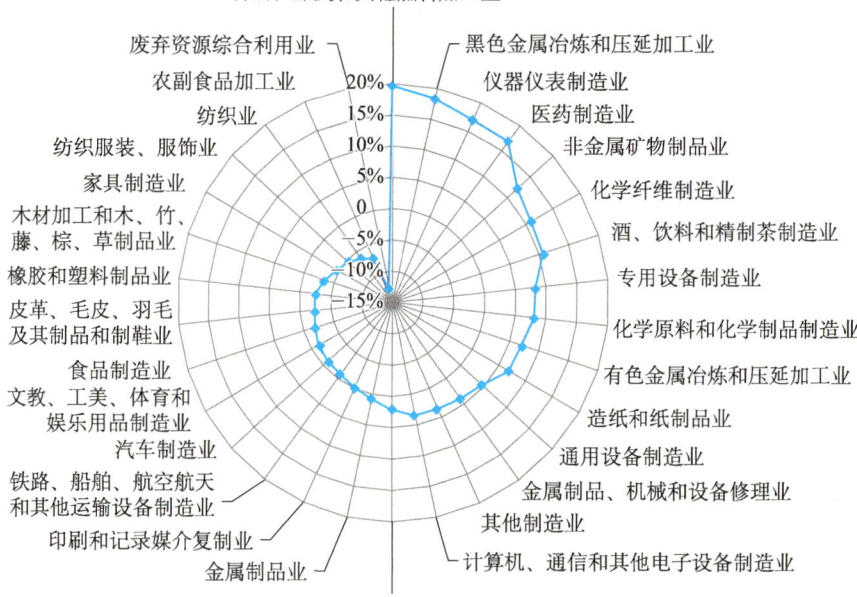

图 6-8　中国制造业环境发展指数年均增速（2013～2021 年）

第七章
中国制造业创新激励指数影响

第一节　中国制造业创新激励指数

本章构建了中国制造业创新激励指数，采用研究开发费用加计扣除减免税、高新技术企业减免税、R&D 经费内部支出中政府资金等三个指标表征，这三个指标的权重分别为 0.35、0.35 和 0.30。其中，研究开发费用加计扣除减免税的政策激励企业开展研究开发活动，高新技术企业减免税的政策注重对科技型企业特别是中小企业的扶持，R&D 经费内部支出中政府资金体现了政府培育新技术、新业态的政府导向。创新激励指数表征了以下三个方面：一是国家对创新的激励政策的影响，二是制造业本身的创新能力所决定的享受国家激励政策的情况，三是产业研发的政府导向。

2021 年，中国制造业创新激励指数排名前 10 位的行业依次为"计算机、通信和其他电子设备制造业""黑色金属冶炼和压延加工业""铁路、船舶、航空航天和其他运输设备制造业""电气机械和器材制造业""医药制造业""汽车制造业""化学原料和化学制品制造业""专用设备制造业""通用设备制造业""非金属矿物制品业"。与 2013 年相比，排名前 10 位的行业中"计算机、通信和其他电子设备制造业""黑色金属冶炼和压延加工业""医药制造业""电气机械和器材制造业""化学原料和化学制品制造业"的创新激励指数上升幅度较大。2021 年，中国制造业创新激励指数排名前 10 位的行业中，9 个行业的创新能力指数排名前 10 位，创新激励政策对产业的创新能力起到促进作用。

2021 年，中国制造业创新激励指数排名后 10 位的行业由后往前依次为"废弃资源综合利用业""金属制品、机械和设备修理业""木材加工和木、竹、藤、棕、草制品业""皮革、毛皮、羽毛及其制品和制鞋业""酒、饮料和精制茶制造业""纺织服装、服饰业""印刷和记录媒介复制业""文教、工美、体育和娱乐用品制造业""化学纤维制造业""农副食品加工业"。与 2013 年相比，排名后 10 位行业的创新激励指数均呈上升态势，如图 7-1 所示。2021 年中国制造业创新激励指数排名后 10 位的行业中，7 个行业的创新能力指数排名后 10 位，可见对于创新激励政策力度小的产业，其创新能力也较为薄弱。

2013～2021 年，中国制造业创新激励指数年均增速排名前 10 位的行业为"黑色金属冶炼和压延加工业""其他制造业""造纸和纸制品业""金属制品、机械和设备修理业""食品制造业""非金属矿物制品业""计算机、通信和其他电子设备制造业""家具制造业""石油、煤炭及其他燃料加工业""文教、工美、体育和娱乐用品制造业"。其中，"计算机、通信和其他电子设备制造业""黑色金属冶炼和压延加工业""非金属矿物制品业" 3 个行业的 2021 年创新激励指数排名前 10 位。

2013～2021 年，中国制造业创新激励指数年均增速排名后 10 位的行业为"纺织服装、服饰业""纺织业""仪器仪表制造业""农副食品加工业""汽车制造业""通用设备制造业""铁路、船舶、航空航天和其他运输设备制造业""木材加工和木、竹、藤、棕、草制品业""酒、饮料和精制茶制造业""废弃资源综合利用业"。其中，"汽车制造业""通用设备制造业""铁路、船舶、航空航天和其他运输设备制造业" 的2021 年创新激励指数排名前 10 位，"纺织服装、服饰业""农副食品加工业""木材加工和木、竹、藤、棕、草制品业""酒、饮料和精制茶制造业""废弃资源综合利用业" 的 2021 年创新激励指数排名后 10 位，如图 7-2 所示。

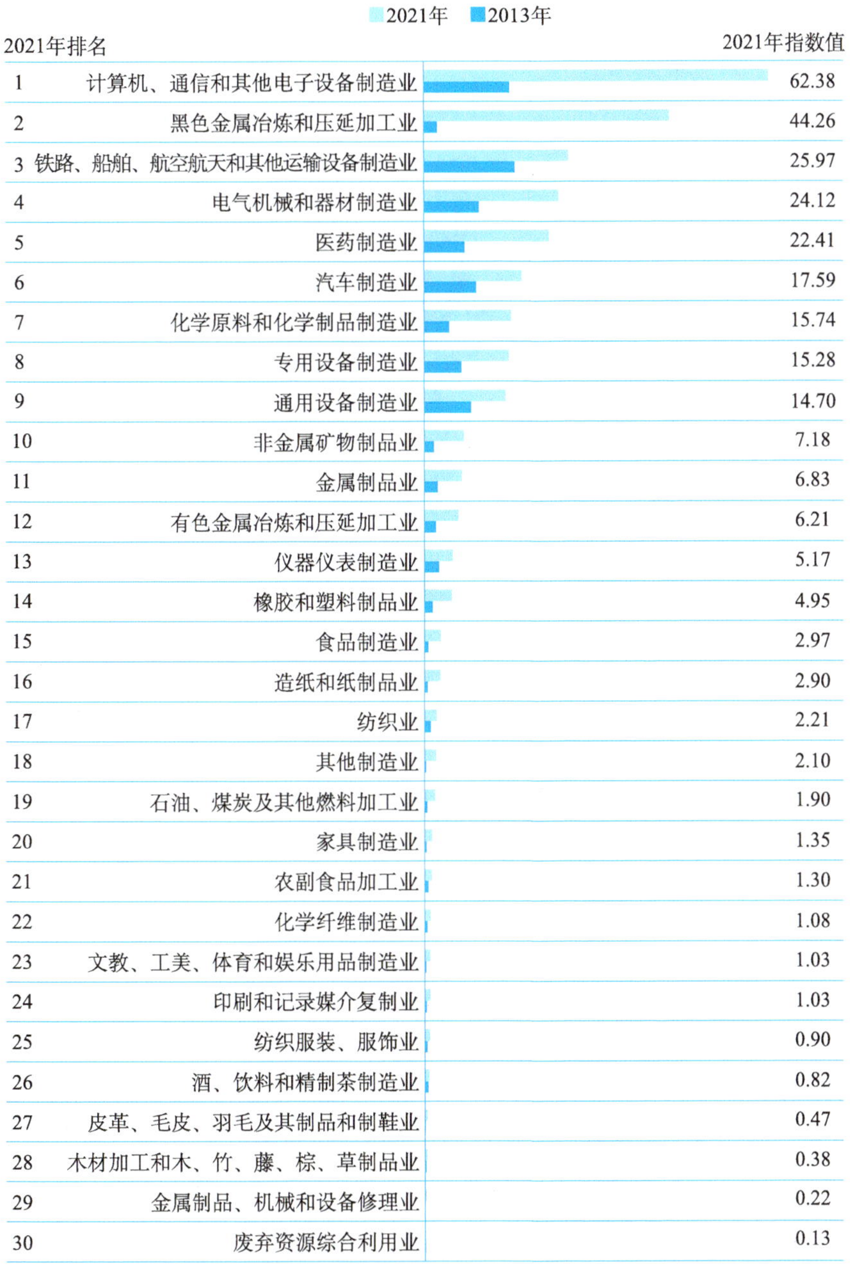

■2021年　■2013年

2021年排名		2021年指数值
1	计算机、通信和其他电子设备制造业	62.38
2	黑色金属冶炼和压延加工业	44.26
3	铁路、船舶、航空航天和其他运输设备制造业	25.97
4	电气机械和器材制造业	24.12
5	医药制造业	22.41
6	汽车制造业	17.59
7	化学原料和化学制品制造业	15.74
8	专用设备制造业	15.28
9	通用设备制造业	14.70
10	非金属矿物制品业	7.18
11	金属制品业	6.83
12	有色金属冶炼和压延加工业	6.21
13	仪器仪表制造业	5.17
14	橡胶和塑料制品业	4.95
15	食品制造业	2.97
16	造纸和纸制品业	2.90
17	纺织业	2.21
18	其他制造业	2.10
19	石油、煤炭及其他燃料加工业	1.90
20	家具制造业	1.35
21	农副食品加工业	1.30
22	化学纤维制造业	1.08
23	文教、工美、体育和娱乐用品制造业	1.03
24	印刷和记录媒介复制业	1.03
25	纺织服装、服饰业	0.90
26	酒、饮料和精制茶制造业	0.82
27	皮革、毛皮、羽毛及其制品和制鞋业	0.47
28	木材加工和木、竹、藤、棕、草制品业	0.38
29	金属制品、机械和设备修理业	0.22
30	废弃资源综合利用业	0.13

图 7-1　中国制造业创新激励指数（2013 年、2021 年）

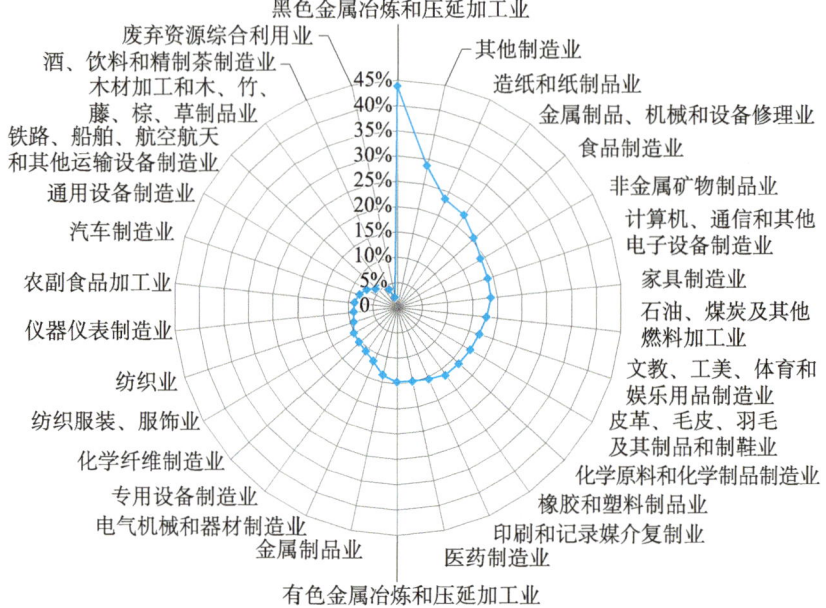

图 7-2   中国制造业创新激励指数年均增速（2013～2021 年）

第二节   中国制造业创新激励指数解析

一、中国制造业研究开发费用加计扣除减免税

中国制造业创新激励指数的提高得益于政府财税政策支持力度的加大。2021 年，中国制造业研究开发费用加计扣除减免税金额排名前 10 位的行业依次为"计算机、通信和其他电子设备制造业""电气机械和器材制造业""汽车制造业""医药制造业""黑色金属冶炼和压延加工业""专用设备制造业""通用设备制造业""化学原料和化学制品制造业""非金属矿物制品业""铁路、船舶、航空航天和其他运输设备制造业"。其中，有 9 个行业的 2021 年 R&D 经费内部支出排名前 10 位。由此可见，

一方面，研究开发费用加计扣除减免税金额的规模取决于该产业当年R&D经费内部支出规模；另一方面，技术密集、创新活力强的产业注重研发投入，因此，享受研究开发费用加计扣除政策的优惠力度大。

2021年，中国制造业研究开发费用加计扣除减免税金额排名后10位的行业是"文教、工美、体育和娱乐用品制造业""化学纤维制造业""纺织服装、服饰业""酒、饮料和精制茶制造业""印刷和记录媒介复制业""其他制造业""皮革、毛皮、羽毛及其制品和制鞋业""木材加工和木、竹、藤、棕、草制品业""金属制品、机械和设备修理业""废弃资源综合利用业"。其中，有9个行业的2021年R&D经费内部支出排名后10位。由此可见，由于传统产业R&D经费内部支出少，其所享受研究开发费用加计扣除政策的优惠力度小（图7-3）。

2013～2021年，中国制造业研究开发费用加计扣除减免税金额年均增速排名前10位的行业依次为"废弃资源综合利用业""金属制品、机械和设备修理业""皮革、毛皮、羽毛及其制品和制鞋业""其他制造业""印刷和记录媒介复制业""计算机、通信和其他电子设备制造业""非金属矿物制品业""食品制造业""农副食品加工业""有色金属冶炼和压延加工业"，如图7-4所示。其中，"计算机、通信和其他电子设备制造业""非金属矿物制品业"的2021年研究开发费用加计扣除减免税金额排名前10位。这两个产业享受研究开发费用加计扣除政策的优惠力度大、增速快，研究开发费用加计扣除政策切实发挥了引导作用。

2013～2021年，中国制造业研究开发费用加计扣除减免税金额年均增速排名后10位的行业是"专用设备制造业""纺织业""通用设备制造业""木材加工和木、竹、藤、棕、草制品业""家具制造业""黑色金属冶炼和压延加工业""酒、饮料和精制茶制造业""仪器仪表制造业""汽车制造业""铁路、船舶、航空航天和其他运输设备制造业"。其中，"木材加工和木、竹、藤、棕、草制品业""酒、饮料和精制茶制造业"的2021年研究开发费用加计扣除减免税金额排名后10位。这两个产业享受研究开发费用加计扣除政策的优惠力度小、增速慢，研究开发费用加计扣除政策对其产生的影响较小。

2021年排名		■ 2021年 ■ 2013年	2021年金额/万元
1	计算机、通信和其他电子设备制造业		3 739 070
2	电气机械和器材制造业		1 444 724
3	汽车制造业		1 184 280
4	医药制造业		1 035 060
5	黑色金属冶炼和压延加工业		751 548
6	专用设备制造业		741 773
7	通用设备制造业		730 510
8	化学原料和化学制品制造业		699 850
9	非金属矿物制品业		404 276
10	铁路、船舶、航空航天和其他运输设备制造业		378 234
11	金属制品业		360 032
12	有色金属冶炼和压延加工业		348 262
13	橡胶和塑料制品业		302 267
14	仪器仪表制造业		278 508
15	食品制造业		174 219
16	纺织业		166 028
17	造纸和纸制品业		150 844
18	石油、煤炭及其他燃料加工业		124 060
19	农副食品加工业		88 000
20	家具制造业		86 617
21	文教、工美、体育和娱乐用品制造业		80 616
22	化学纤维制造业		75 076
23	纺织服装、服饰业		73 582
24	酒、饮料和精制茶制造业		69 450
25	印刷和记录媒介复制业		67 183
26	其他制造业		59 463
27	皮革、毛皮、羽毛及其制品和制鞋业		39 726
28	木材加工和木、竹、藤、棕、草制品业		26 332
29	金属制品、机械和设备修理业		20 195
30	废弃资源综合利用业		11 717

图 7-3　中国制造业研究开发费用加计扣除减免税金额（2013 年、2021 年）

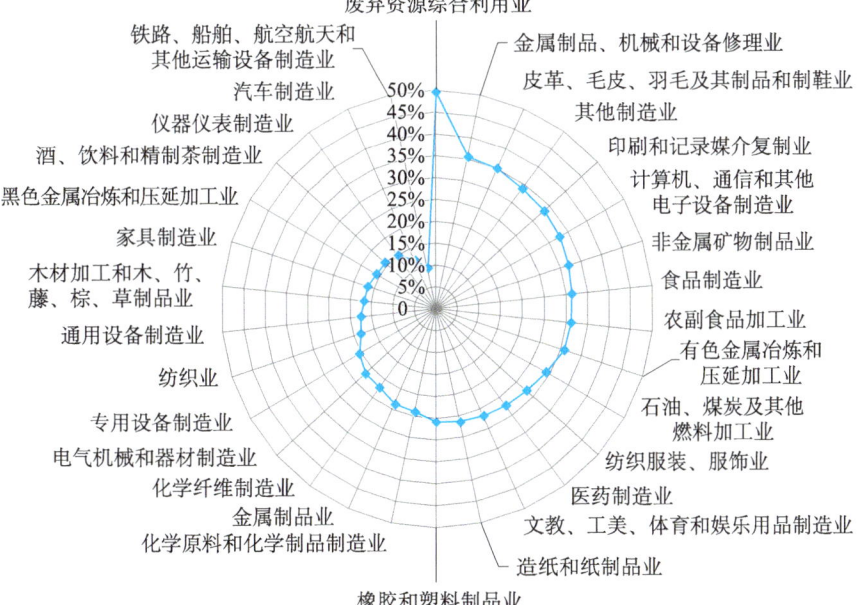

图 7-4　中国制造业研究开发费用加计扣除减免税金额年均增速（2013～2021 年）

总体而言，2013～2021 年，本书所研究的中国制造业中 30 个行业的研究开发费用加计扣除减免税金额均呈现增长态势，其中有 21 个行业的年均增速达 20% 以上，"废弃资源综合利用业""金属制品、机械和设备修理业""皮革、毛皮、羽毛及其制品和制鞋业"的年均增速较高，分别为 49.56%、35.50%、34.97%。

二、中国制造业高新技术企业减免税

2021 年，中国制造业高新技术企业减免税金额排名前 10 位的行业依次为"黑色金属冶炼和压延加工业""计算机、通信和其他电子设备制造业""医药制造业""电气机械和器材制造业""化学原料和化学制品制造业""汽车制造业""通用设备制造业""专用设备制造业""非金属矿物制品业""有色金属冶炼和压延加工业"，如图 7-5 所示。其中，"计算机、通信和其他电子设备制造业""医药制造业""电气机械和器材制造业""汽车制造业""通用设备制造业""专用设备制造业"

的 2021 年 R&D 经费内部支出占主营业务收入比例排前 10 位。由此可见，研发强度高的产业大多为高技术产业，相应地，享受到的高新技术企业减免税政策优惠力度更大。

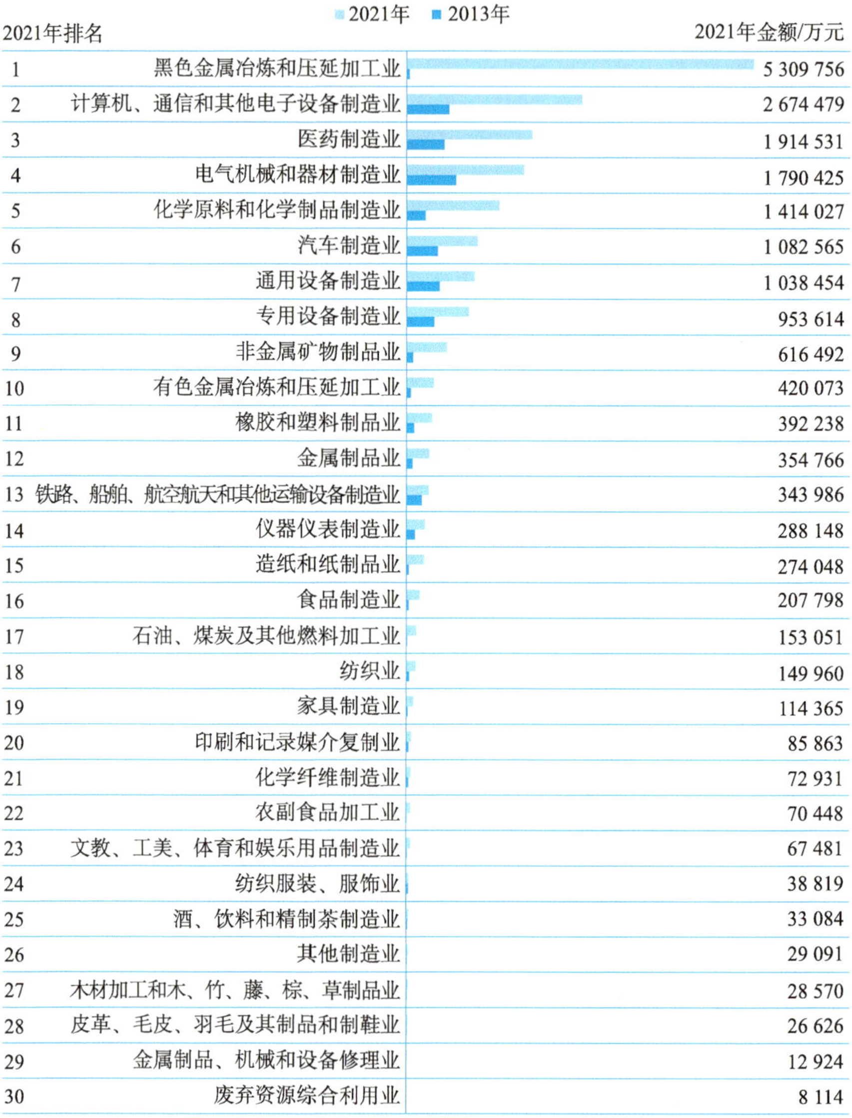

2021年排名		2021年金额/万元
1	黑色金属冶炼和压延加工业	5 309 756
2	计算机、通信和其他电子设备制造业	2 674 479
3	医药制造业	1 914 531
4	电气机械和器材制造业	1 790 425
5	化学原料和化学制品制造业	1 414 027
6	汽车制造业	1 082 565
7	通用设备制造业	1 038 454
8	专用设备制造业	953 614
9	非金属矿物制品业	616 492
10	有色金属冶炼和压延加工业	420 073
11	橡胶和塑料制品业	392 238
12	金属制品业	354 766
13	铁路、船舶、航空航天和其他运输设备制造业	343 986
14	仪器仪表制造业	288 148
15	造纸和纸制品业	274 048
16	食品制造业	207 798
17	石油、煤炭及其他燃料加工业	153 051
18	纺织业	149 960
19	家具制造业	114 365
20	印刷和记录媒介复制业	85 863
21	化学纤维制造业	72 931
22	农副食品加工业	70 448
23	文教、工美、体育和娱乐用品制造业	67 481
24	纺织服装、服饰业	38 819
25	酒、饮料和精制茶制造业	33 084
26	其他制造业	29 091
27	木材加工和木、竹、藤、棕、草制品业	28 570
28	皮革、毛皮、羽毛及其制品和制鞋业	26 626
29	金属制品、机械和设备修理业	12 924
30	废弃资源综合利用业	8 114

（图例：■2021年　■2013年）

图 7-5　中国制造业高新技术企业减免税金额（2013 年、2021 年）

2021 年，中国制造业高新技术企业减免税金额排名后 10 位的行业是"化学纤维制造业""农副食品加工业""文教、工美、体育和娱乐用品制造业""纺织服装、服饰业""酒、饮料和精制茶制造业""其他制造业""木材加工和木、竹、藤、棕、草制品业""皮革、毛皮、羽毛及其制品和制鞋业""金属制品、机械和设备修理业""废弃资源综合利用业"。其中，有 6 个行业的 2021 年 R&D 经费内部支出占主营业务收入比例排名后 10 位。由此可见，研发强度低的产业大多为传统产业，相应地，享受到的高新技术企业减免税政策优惠力度小。

2013～2021 年，中国制造业高新技术企业减免税金额年均增速排名前 10 位的行业依次为"黑色金属冶炼和压延加工业""石油、煤炭及其他燃料加工业""农副食品加工业""造纸和纸制品业""有色金属冶炼和压延加工业""非金属矿物制品业""食品制造业""金属制品、机械和设备修理业""化学原料和化学制品制造业""家具制造业"，如图 7-6 所示。其中，"黑色金属冶炼和压延加工业""有色金属冶炼和压延加工业""非金属矿物制品业""化学原料和化学制品制造业"的 2021 年高新技术企业减免税金额排名前 10 位。这 4 个产业享受高新技术企业减免税政策的优惠力度大，减免税政策切实发挥了对产业的引导和促进作用。

2013～2021 年，中国制造业高新技术企业减免税金额年均增速排名后 10 位的行业是"皮革、毛皮、羽毛及其制品和制鞋业""汽车制造业""专用设备制造业""仪器仪表制造业""印刷和记录媒介复制业""通用设备制造业""化学纤维制造业""酒、饮料和精制茶制造业""铁路、船舶、航空航天和其他运输设备制造业""纺织服装、服饰业"。其中，"皮革、毛皮、羽毛及其制品和制鞋业""化学纤维制造业""酒、饮料和精制茶制造业""纺织服装、服饰业"的 2021 年高新技术企业减免税金额排名后 10 位。这 4 个产业享受高新技术企业减免税政策力度小、增速慢，减免税政策作用较为薄弱。

总体面言，2013～2021 年，30 个行业的高新技术企业减免税金额均呈现增长态势，其中有 23 个行业的年均增速达 10% 以上，"黑色金属冶炼和压延加工业""石油、煤炭和其他燃料加工业""农副食品加工业""造纸和纸制品业"年均增速较高,分别为 80.05%、34.73%、28.20%、28.02%。

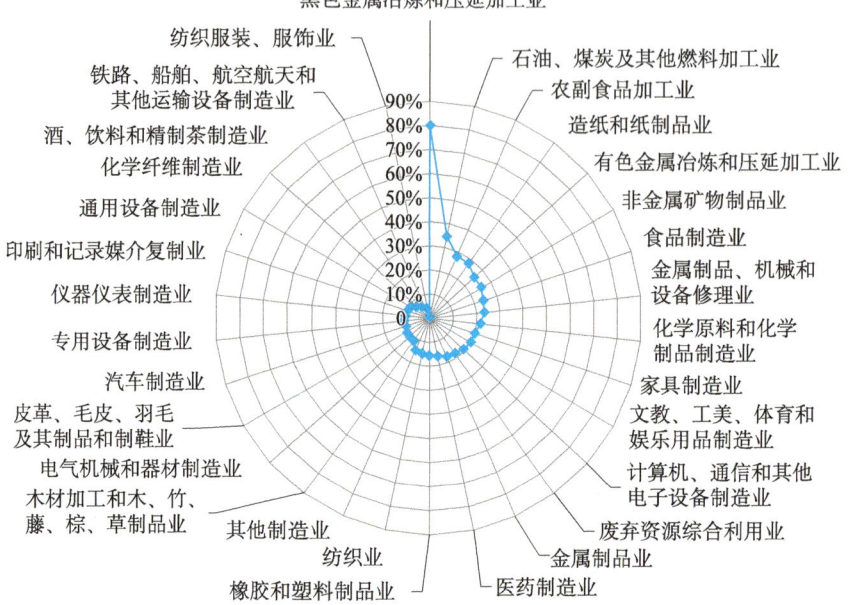

图 7-6　中国制造业高新技术企业减免税金额年均增速(2013～2021 年)

三、中国制造业 R&D 经费内部支出中政府资金

2021 年,中国制造业 R&D 经费内部支出中政府资金排名前 10 位的行业依次为"铁路、船舶、航空航天和其他运输设备制造业""计算机、通信和其他电子设备制造业""黑色金属冶炼和压延加工业""专用设备制造业""通用设备制造业""医药制造业""电气机械和器材制造业""汽车制造业""金属制品业""化学原料和化学制品制造业"。中国制造业 R&D 经费内部支出中政府资金排名后 10 位的行业是"造纸和纸制品业""化学纤维制造业""石油、煤炭及其他燃料加工业""文教、工美、体育和娱乐用品制造业""家具制造业""皮革、毛皮、羽毛及其制品和制鞋业""印刷和记录媒介复制业""木材加工和木、竹、藤、棕、草制品业""金属制品、机械和设备修理业""废弃资源综合利用业",如图 7-7 所示。

2021年排名		2021年金额/万元
1	铁路、船舶、航空航天和其他运输设备制造业	1 243 729
2	计算机、通信和其他电子设备制造业	1 192 757
3	黑色金属冶炼和压延加工业	255 053
4	专用设备制造业	243 773
5	通用设备制造业	181 633
6	医药制造业	178 601
7	电气机械和器材制造业	170 287
8	汽车制造业	160 879
9	金属制品业	126 391
10	化学原料和化学制品制造业	109 078
11	其他制造业	89 728
12	仪器仪表制造业	85 921
13	有色金属冶炼和压延加工业	69 319
14	非金属矿物制品业	28 909
15	食品制造业	28 068
16	橡胶和塑料制品业	23 617
17	农副食品加工业	16 278
18	纺织服装、服饰业	10 445
19	酒、饮料和精制茶制造业	9 722
20	纺织业	9 050
21	造纸和纸制品业	7 548
22	化学纤维制造业	7 250
23	石油、煤炭及其他燃料加工业	5 807
24	文教、工美、体育和娱乐用品制造业	4 532
25	家具制造业	2 757
26	皮革、毛皮、羽毛及其制品和制鞋业	2 748
27	印刷和记录媒介复制业	2 245
28	木材加工和木、竹、藤、棕、草制品业	1 946
29	金属制品、机械和设备修理业	1 049
30	废弃资源综合利用业	953

图7-7 中国制造业R&D经费内部支出中政府资金（2013年、2021年）

其中，"铁路、船舶、航空航天和其他运输设备制造业""计算机、通信和其他电子设备制造业"R&D 经费内部支出中政府资金较多，属于政府重点支持的产业领域。新发展格局下，我国传统技术"引进—消化—吸收—再创新"的发展模式遭遇前所未有的挑战。在新一轮科技革命和产业变革的关键时期，我国经济高质量发展需要推动产业链高端化，突破一批关键核心技术，加速科技成果转化和应用，培育壮大发展新动能，无疑制造业将继续作为技术、模式、业态创新的重要载体，政府在产业政策布局时更加注重制造业高质量发展。

例如，2021 年，国务院常务会议多次部署加大对制造业支持的政策举措[①]，诸如：实施向制造业倾斜的减税降费政策，加大研究开发费用加计扣除、增值税留抵退税等政策力度；扩大制造业中长期贷款、信用贷款规模；发展先进制造业，加快制造业数字化转型；鼓励大企业带动更多中小企业融入供应链创新链，支持更多"专精特新""小巨人"企业成长。为推动制造业与互联网融合发展，2021 年，工业和信息化部办公厅公布了制造业与互联网融合发展试点示范项目名单，涉及两化融合管理体系贯标、跨行业跨领域工业互联网平台、特色专业型工业互联网平台、中德智能制造合作。2021 年，工业互联网专项工作组印发《工业互联网创新发展行动计划（2021—2023 年）》（工信部信管〔2020〕197 号），提出构建起全要素、全产业链、全价值链全面连接的新型工业生产制造和服务体系。此外，2021 年，工业和信息化部实施《"十四五"信息通信行业发展规划》（工信部规〔2021〕164号），该规划进一步凸显了信息通信行业的功能和定位：是构建国家新型数字基础设施、提供网络和信息服务、全面支撑经济社会发展的战略性、基础性和先导性行业。在《国务院关于印发新时期促进集成电路产业和软件产业高质量发展若干政策的通知》（国发〔2020〕8 号）

---

① 2021 年国务院常务会议多次涉及制造业发展，例如 2021 年 3 月 24 日，国务院常务会议部署实施提高制造业企业研究开发费用加计扣除比例等政策，激励企业创新，促进产业升级 (https://www.gov.cn/guowuyuan/cwhy/20210324c08/mobile.htm)；2021 年 10 月 27 日，国务院常务会议部署对制造业中小微企业等实施阶段性税收缓缴措施，进一步加大助企纾困力度 (https://www.gov.cn/premier/2021-10/27/content_5647182.htm)。

政策基础上，2021 年，工业和信息化部、国家发展和改革委员会、财政部、国家税务总局联合发文对上述政策第二条所称国家鼓励的集成电路设计、装备、材料、封装、测试企业条件进行了详细说明，并建立了享受税收优惠政策的集成电路企业或项目、软件企业清单制[①]。2013～2021 年，中国制造业 R&D 经费内部支出中政府资金年均增速排名前 10 位的行业依次为"其他制造业""黑色金属冶炼和压延加工业""家具制造业""计算机、通信和其他电子设备制造业""印刷和记录媒介复制业""食品制造业""铁路、船舶、航空航天和其他运输设备制造业""金属制品业""纺织服装、服饰业""专用设备制造业"，如图 7-8 所示。其中，"铁路、船舶、航空航天和其他运输设备制造业""计算机、通信和其他电子设备制造业""黑色金属冶炼和压延加工业""专用设备制造业""金属制品业"的 2021 年 R&D 经费内部支出中政府资金排名前 10 位，这 5 个产业的 R&D 经费内部支出中政府资金支持力度大、增速快，政府资金切实发挥了对产业的促进作用。

2013～2021 年，中国制造业 R&D 经费内部支出中政府资金年均增速排名后 10 位的行业是"通用设备制造业""文教、工美、体育和娱乐用品制造业""非金属矿物制品业""金属制品、机械和设备修理业""农副食品加工业""酒、饮料和精制茶制造业""石油、煤炭及其他燃料加工业""纺织业""木材加工和木、竹、藤、棕、草制品业""废弃资源综合利用业"。其中，"石油、煤炭及其他燃料加工业""文教、工美、体育和娱乐用品制造业""木材加工和木、竹、藤、棕、草制品业""金属制品、机械和设备修理业""废弃资源综合利用业"的 2021 年 R&D 经费内部支出中政府资金排名后 10 位。这 5 个产业 R&D 经费内部支出中政府资金支持力度小、增速慢，政府资金对产业的支持作

① 工业和信息化部，国家发展改革委，财政部，等. 2021. 中华人民共和国工业和信息化部 国家发展改革委 财政部 国家税务总局公告. (2021-04-22) [2024-09-01]. https://www.gov.cn/zhengce/zhengceku/2021/04/26/content_5602315.htm; 国家发展改革委，工业和信息化部，财政部，等. 2021. 关于做好享受税收优惠政策的集成电路企业或项目、软件企业清单制定工作有关要求的通知 (发改高技〔2021〕413 号). (2021-03-29) [2024-09-01]. https://www.ndrc.gov.cn/xwdt/tzgg/202103/t20210330_1271031.html.

用小。

总体而言，2013～2021 年，有 13 个行业的 R&D 经费内部支出中政府资金呈现增长态势，其中"其他制造业""黑色金属冶炼和压延加工业""家具制造业""计算机、通信和其他电子设备制造业""印刷和记录媒介复制业""食品制造业""铁路、船舶、航空航天和其他运输设备制造业""金属制品业" 8 个行业的年均增速达 5% 以上，分别为29.67%、27.54%、12.53%、11.21%、6.04%、5.98%、5.70%、5.68%。值得注意的是，与 2013 年相比，2021 年"废弃资源综合利用业""木材加工和木、竹、藤、棕、草制品业""纺织业""石油、煤炭及其他燃料加工业"的 R&D 经费内部支出中政府资金呈现明显的下降趋势，年均增速均达 -10% 以下。

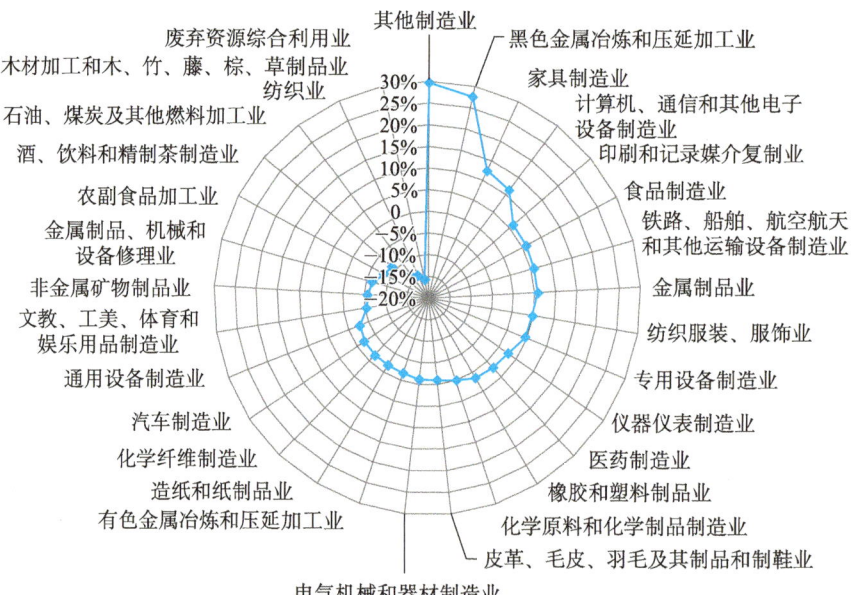

图 7-8　中国制造业 R&D 经费内部支出中政府资金年均增速（2013～2021 年）

第八章

中国重点行业创新发展绩效与激励政策演进

第一节　计算机、通信和其他电子设备制造业

一、创新能力指数演进

2013～2021年，中国"计算机、通信和其他电子设备制造业"创新能力指数呈现大幅上升态势。该行业创新能力指数由26.9提高到50.47，年均增速为8.17%[①]；创新实力指数由28.7提高到72.36，年均增速为12.66%；创新效力指数由22.1提高到28.58，年均增速为3.26%，如图8-1所示。2021年，该行业R&D人员全时当量为576 890人年，R&D经费内部支出为3027.67亿元，发明专利申请量为115 167件，新产品销售收入为51 344.10亿元。

2013～2021年，中国"计算机、通信和其他电子设备制造业"创新实力指数上升速度较快，这主要得益于创新产出实力指数、创新条件实力指数的大幅度提升，年均增速分别为12.19%、12.66%。与之相比，创新投入实力指数、创新影响实力指数上升幅度略小，年均增速分别为8.88%、9.90%，如图8-2所示。在创新投入实力方面，2021年R&D人员全时当量和R&D经费内部支出分别是2013年的1.67倍和

[①] 因四舍五入原因，计算所得数值有时与实际数值有些微出入，特此说明。

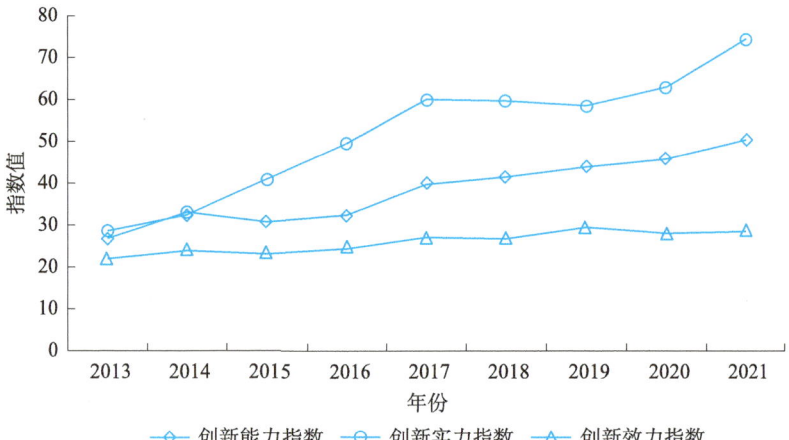

图 8-1　中国"计算机、通信和其他电子设备制造业"创新能力演进

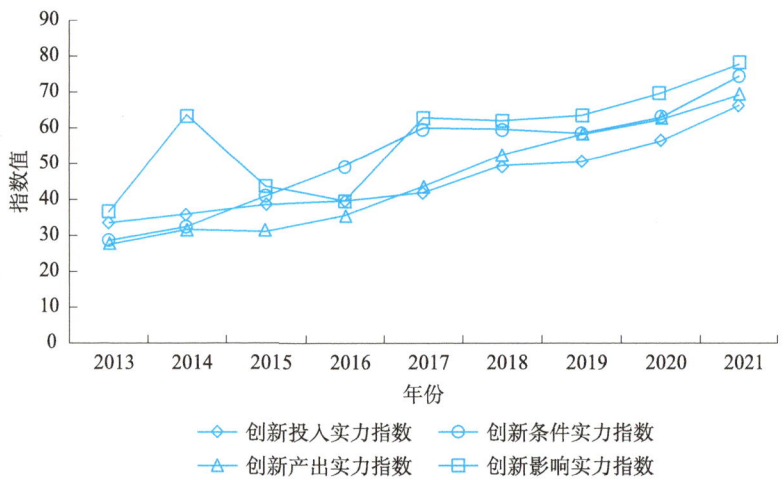

图 8-2　中国"计算机、通信和其他电子设备制造业"创新实力演进

2.67 倍。在创新条件实力方面，2013～2021 年，企业办研发机构仪器
和设备原价由 443.33 亿元增加到 1346.23 亿元，企业办研发机构数由
2324 个增加到 3990 个，发明专利拥有量由 89 175 件增加到 422 842 件，
企业办研发机构人员数由 321 979 人增加到 700 248 人。在创新产出实
力方面，2013～2021 年，发明专利申请量由 44 555 件增加到 115 167
件，实用新型和外观设计专利申请量由 26 556 件增加到 63 589 件。在

创新影响实力方面，2021 年，专利所有权转让及许可收入达到 8.53 亿元，利润总额达到 7773.04 亿元，新产品出口达到 24 024.22 亿元，新产品销售收入达到 51 344.1 亿元，分别是 2013 年的 1.99 倍、2.3 倍、2.15 倍、2.21 倍。

值得关注的是，2013～2021 年，中国"计算机、通信和其他电子设备制造业"在技术消化吸收上的投入波动性较大，2013 年消化吸收经费为 4.90 亿元，2014 年达到 6.70 亿元，在 2017 年下降到 1.08 亿元，在 2019 年上升到 6.01 亿元，在 2021 年又下降到 1.08 亿元，2021 年仅为 2013 年该行业在技术消化吸收上投入的 22.06%。此外，该行业专利价值出现了波动性上升，专利所有权转让及许可收入由 2013 年的 4.29 亿元上升到 2014 年的 11.56 亿元，后下降至 2016 年的 2.48 亿元，2017～2021 年稳定在 8.53 亿元。

2013～2021 年，中国"计算机、通信和其他电子设备制造业"创新效力指数整体提升较快，这主要得益于创新条件效力指数的快速提升。2013～2021 年，创新条件效力指数年均增速为 13.43%，与之相比，创新投入效力指数、创新产出效力指数、创新影响效力指数上升幅度较小，年均增速分别为 5.69%、2.27%、2.09%，如图 8-3 所示。在创新投入效力方面，2021 年，R&D 人员全时当量占从业人员比例达到 7.46%，R&D 经费内部支出占主营业务收入比例达到 2.46%，有 R&D 活动的企业占全部企业比例达到 74.24%，分别是 2013 年的 1.64 倍、1.51 倍、1.71 倍。在创新条件效力方面，2013～2021 年，单位企业办研发机构数对应的企业办研发机构仪器和设备原价由 1658.27 万元 / 个上升至 3803.91 万元 / 个，单位企业办研发机构人员数对应的企业办研发机构仪器和设备原价从 11.97 万元 / 人增加到 21.67 万元 / 人，企均有效发明专利数由 18.49 件增加到 83.22 件，设立研发机构的企业占全部企业的比例由 35.75% 增加到 58.32%。在创新产出效力方面，2013～2021 年，每万名 R&D 人员全时当量发明专利申请量由 1286.63 件增加到 1996.34 件，每万名 R&D 人员全时当量实用新型和外观设计专利申请量由 766.87 增加到 1102.27 件。在创新影响效力方面，2021

年，单位能耗对应的利润总额达到 12 946.44 万元 / 万吨标准煤，单位从业人员利润达到 10.05 万元 / 人，新产品开发支出与新产品销售收入比例达到 7.88%，新产品销售收入占主营业务收入比例达到 41.73%，分别是 2013 年的 1.07 倍、2.27 倍、1.30 倍、1.26 倍。

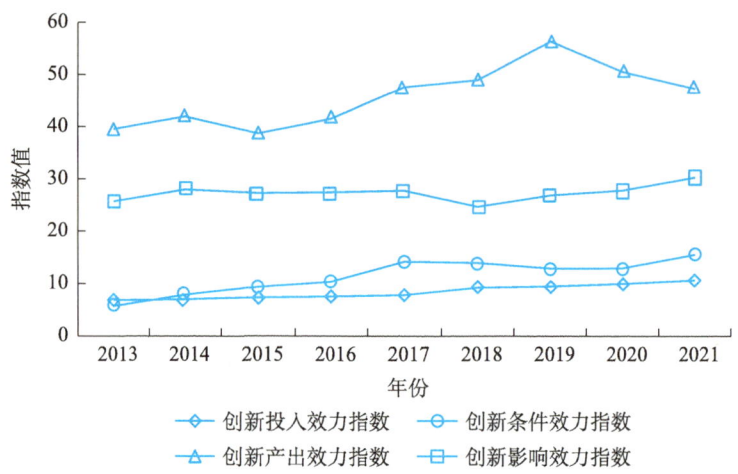

图 8-3　中国"计算机、通信和其他电子设备制造业"创新效力演进

值得注意的是，2013～2021 年，中国"计算机、通信和其他电子设备制造业"部分创新效力指数相关指标呈现下降态势。其主要原因有以下几个方面。一是该行业对技术的消化吸收重视不足。2013～2021年，消化吸收经费与技术引进经费比例下降幅度较大，由 14.20% 下降到 1.15%。二是单位经费的专利申请量下降。2013～2021 年，每亿元 R&D 经费发明专利申请量由 39.22 件下降到 38.04 件，每亿元 R&D 经费实用新型和外观设计专利申请量由 23.38 件下降到 21 件。三是部分利润及销售收入相关的指标波动明显或者基本持平。2013～2021 年，新产品出口与新产品销售收入比例由 48.09% 下降到 46.79%，单位能耗对应的利润总额从 2013 年的 12 067.50 万元 / 万吨标准煤，增加到 2017 年的 13 730.86 万元 / 万吨标准煤后，又下降到 2018 年的 9019.88 万元 / 万吨标准煤，随后上升到 2021 年的 12 946.44 万元 / 万吨标准煤。

与国际领先水平相比，中国"计算机、通信和其他电子设备制造业"

的创新实力和创新效力还有一定差距。从 2023 年《财富》世界 500 强企业来看，在"计算机、通信和其他电子设备制造业"营业收入前十位的企业中，中国有 2 家大陆企业（华为技术有限公司和联想控股有限公司）。

在创新实力方面，苹果公司、英特尔公司和佳能企业股份有限公司在 2021 年的 R&D 经费内部支出分别为 1673.69 亿元、968.47 亿元和 159.23 亿元。而中国"计算机、通信和其他电子设备制造业"整个行业的 R&D 经费内部支出仅为 3027.67 亿元。美国商业专利数据库数据显示，2021 年美国专利申请中，佳能企业股份有限公司共 3021 件，英特尔公司共 2615 件，苹果公司共 2541 件，分别居于第三位、第六位和第七位，而华为技术有限公司共 2770 件，居于第五位。与国际领先企业相比，中国企业的创新实力差距正在逐渐减小，甚至呈现反超趋势，发展速度比较可观，但仍有待进一步提高。

在创新效力方面，从 R&D 经费内部支出占主营业务收入比例和单位从业人员利润两个指标来看，中国"计算机、通信和其他电子设备制造业"与国际知名企业相比，整体仍存在较大差距。2021 年，苹果公司、英特尔公司和佳能企业股份有限公司的 R&D 经费内部支出占主营业务收入比例分别为 7.18%、19.22%、8.18%，而中国"计算机、通信和其他电子设备制造业"的 R&D 经费内部支出占主营业务收入比例仅为 2.46%。2021 年，苹果公司和英特尔公司的单位从业人员利润分别是 451.06 万元 / 人、108.29 万元 / 人，而中国"计算机、通信和其他电子设备制造业"的单位从业人员利润仅为 10.05 万元 / 人。[①]

二、创新发展指数演进

中国"计算机、通信和其他电子设备制造业"创新发展指数呈现大幅上升态势。2013～2021 年，该行业创新发展指数由 28.88 提高到 40.22，年均增速达到 4.23%。其中，2014 年、2016 年、2021 年创新

---

① 资料来源：企业年报、《财富》中文网及其他公开资料。汇率根据中国人民银行 2021 年 12 月公布的数据折算。

发展指数增长较为明显，分别同比增长 8.56%、8.04%、6.34%，如图
8-4 所示。

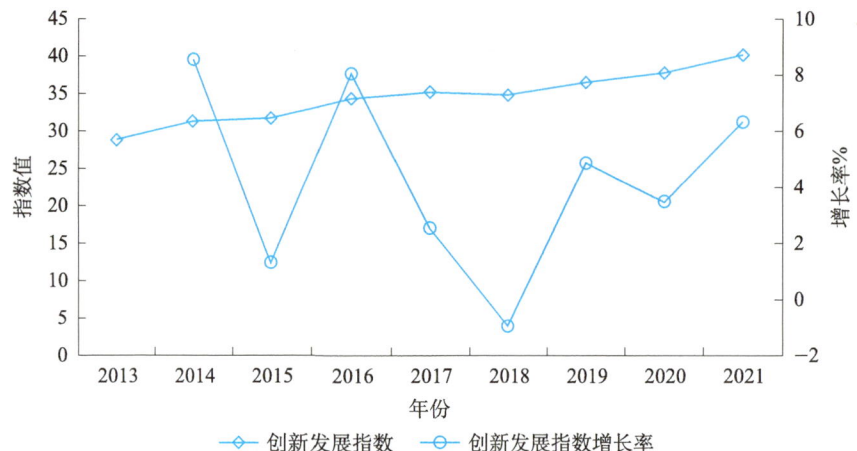

图 8-4　中国"计算机、通信和其他电子设备制造业"创新发展指数及其增长率演进

2013～2021 年，中国"计算机、通信和其他电子设备制造业"创
新发展指数上升速度较快，这主要得益于科技发展指数的大幅度提
升，科技发展指数年均增速为 7.10%。与之相比，经济发展指数和环
境发展指数上升幅度略小，年均增速分别为 0.56%、3.42%，如图 8-5
所示。在科技发展方面，2021 年，企业办研发机构人员数对应的有效
发明专利数、单位主营业务收入发明专利申请数、单位主营业务收入
实用新型和外观设计专利申请数分别是 2013 年的 2.18 倍、1.47 倍、
1.36 倍。在经济发展方面，2013～2021 年，利润总额与主营业务收入
比例由 4.80% 上升到 6.30%，单位从业人员主营业务收入由 91.78 万
元 / 人增加到 159.10 万元 / 人，新产品（仅国际市场新的产品）销售
收入占主营业务收入的比重由 9.10% 上升到 10.56%。在环境发展方
面，2021 年，单位能耗对应的利润总额、单位氨氮排放量对应的利润
总额、单位二氧化硫排放量对应的利润总额分别为 2013 年的 2.14 倍、
3.98 倍、15.99 倍，其中，单位二氧化硫排放量对应的利润总额在 2021
年实现突破性增长，从 2020 年的 10 085.97 万元 / 吨剧增至 2021 年的
161 266.39 万元 / 吨，增长率达 1498.92%。

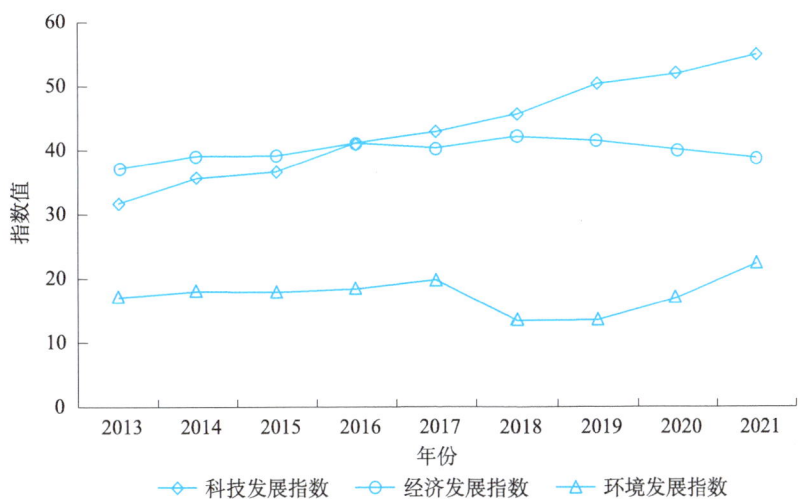

图 8-5　中国"计算机、通信和其他电子设备制造业"创新发展指数具体指标演进

值得关注的是，2013～2021 年，中国"计算机、通信和其他电子设备制造业"部分创新发展指数相关指标波动较大。2013～2021 年，企业办研发机构人员数中博士占比从 2013 年的 1.20% 上升到 2016 年的 1.41%，随后几年其占比在 1.30% 左右徘徊，在 2021 年显著上升到 1.43%。在实现产品创新企业中有国际市场新产品的企业占比下降趋势明显，从 2013 年的 33.10% 上升到 2016 年的 35.40% 后，逐年下降至 2021 年的 26.84%。

三、创新激励指数演进

2013～2021 年，中国"计算机、通信和其他电子设备制造业"创新激励指数提升较为明显。2013～2021 年，该行业创新激励指数由 15.50 上升至 62.38，年均增速达 19.01%。其中，2018 年、2019 年的创新激励指数增长较为明显，分别同比增长 32.67%、42.59%，如图 8-6 所示。2013～2021 年，研究开发费用加计扣除减免税由 38.70 亿元上升至 373.91 亿元，高新技术企业减免税由 64.93 亿元上升至 267.45 亿元，R&D 经费内部支出中政府资金由 50.99 亿元上升至 119.28 亿元。2021 年的上述指标分别是 2013 年的 9.66 倍、4.12 倍、2.34 倍，如图

8-7 所示。具体而言，研究开发费用加计扣除减免税在 2014 年、2016 年、2018 年、2019 年增长较为迅速，分别同比增长 48.14%、44.88%、117.37%、48.42%；高新技术企业减免税在 2016 年、2017 年、2018 年、2021 年增长较为迅速，分别同比增长 25.02%、35.61%、22.60%、54.21%；R&D 经费内部支出中政府资金在 2015 年、2019 年增长较为迅速，分别同比增长 42.12%、67.14%，如图 8-8 所示。

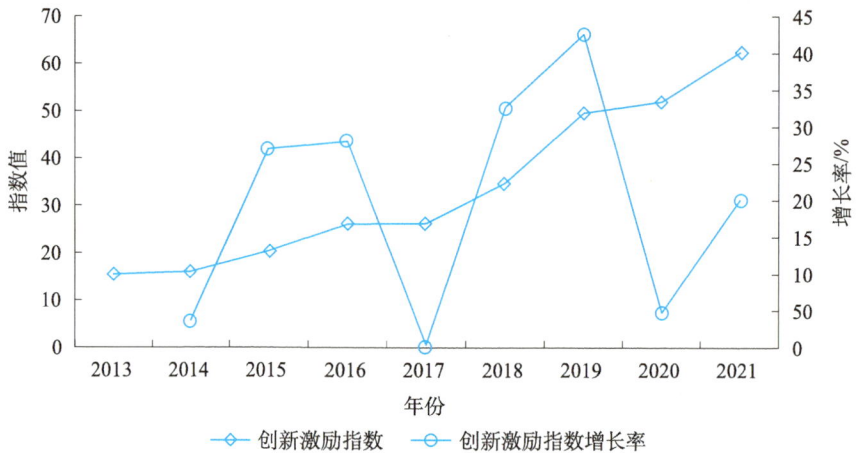

图 8-6 中国"计算机、通信和其他电子设备制造业"创新激励指数及其增长率演进

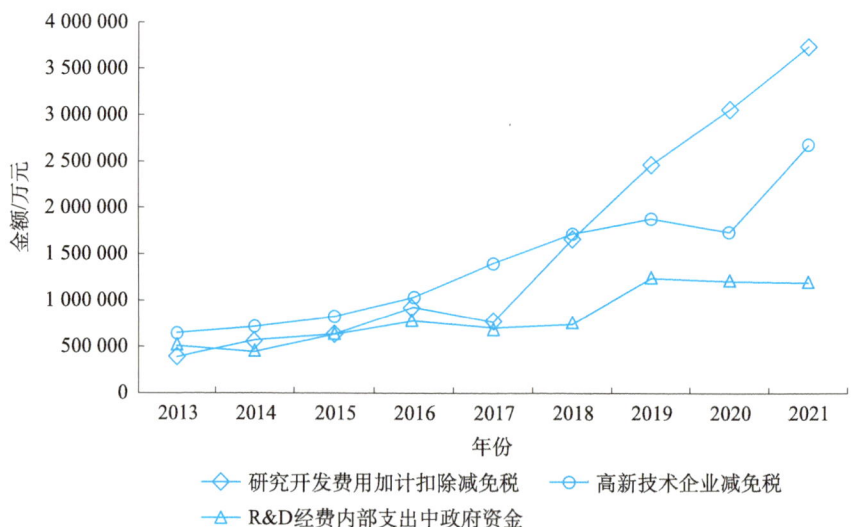

图 8-7 中国"计算机、通信和其他电子设备制造业"创新激励指数具体指标演进

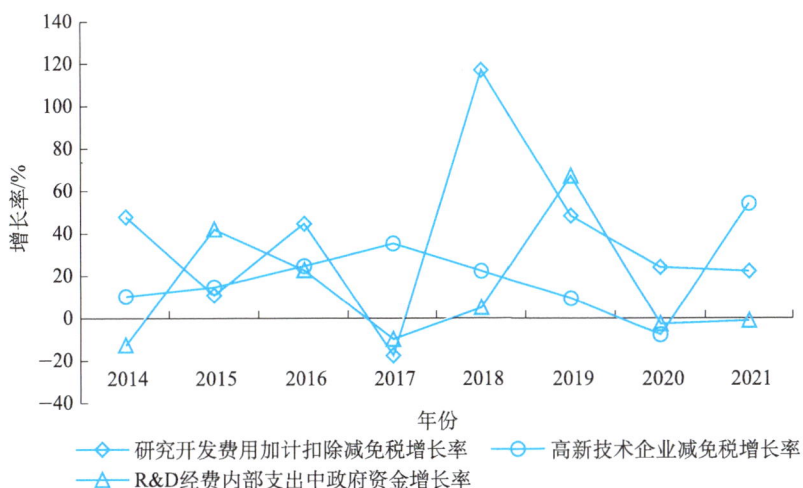

图 8-8　中国"计算机、通信和其他电子设备制造业"创新激励增长率演进

第二节　电气机械和器材制造业

一、创新能力指数演进

2013～2021 年，中国"电气机械和器材制造业"创新能力指数呈现上升态势，该行业创新能力指数由 18.64 提高到 33.71，年均增速为 7.69%；创新实力指数由 19.08 提高到 40.06，年均增速为 9.71%；创新效力指数由 18.19 提高到 27.35，年均增速为 5.23%，如图 8-9 所示。2021 年，该行业 R&D 人员全时当量为 234 273 人年，R&D 经费内部支出为 1271.93 亿元，发明专利申请量为 47 393 件，新产品销售收入为 27 383.53 亿元。

2013～2021 年，中国"电气机械和器材制造业"创新实力指数上升速度较快，这主要得益于创新产出实力指数、创新影响实力指数的大幅度提升，年均增速分别为 11.43%、15.27%。与之相比，创新投入实力指数、创新条件实力指数上升幅度略小，年均增速分别为 3.94%、5.34%，如图 8-10 所示。在创新投入实力方面，2021 年 R&D 人员全时当量、R&D 经费内部支出分别是 2013 年的 1.20 倍、2.00 倍。在创新条件实力方面，2013～2021 年，企业办研发机构仪器和设备原价由 335.03 亿元增加到 684.51 亿元，企业办研发机构数由 2659 个增加到 3113 个，发明专利拥有量由 26 616 件增加到 119 355 件，企业办研发机构人员数由 210 225 人增加到 300 459 人。在创新产出实力方面，2013～2021 年，发明专利申请量由 16 686 件增加到 47 393 件，实用新型和外观设计专利申请量由 32 972 件增加到 71 334 件。在创新影响实力方面，2021 年，利润总额达到 3618.35 亿元，新产品出口达到 6155.50 亿元，新产品销售收入达到 27 383.53 亿元，分别是 2013 年的 1.39 倍、2.97 倍、2.28 倍。

图 8-9　中国 "电气机械和器材制造业" 创新能力演进

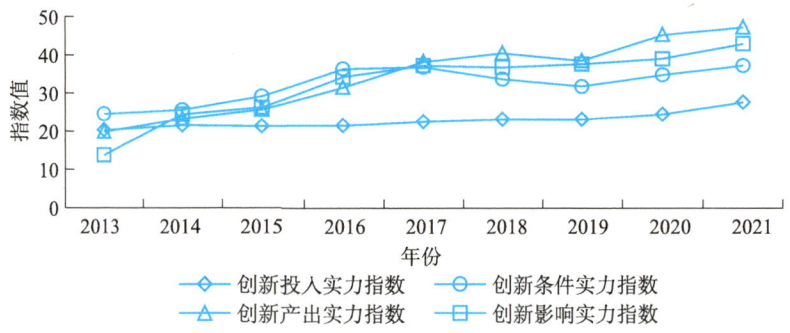

图 8-10　中国 "电气机械和器材制造业" 创新实力演进

值得关注的是，2013～2021年，中国"电气机械和器材制造业"在技术消化吸收上的投入不足，消化吸收经费持续降低，年均降低17.39%，2021年的吸收经费为20 691.20万元，仅为2013年的21.69%。此外，该行业专利价值波动幅度较大，专利所有权转让及许可收入由2013年的9521万元大幅上升至2016年的58 261.50万元，2017～2021年在6600万元左右徘徊。

2013～2021年，中国"电气机械和器材制造业"创新效力指数整体提升较快，这主要得益于创新条件效力指数和创新产出效力指数的快速提升。2013～2021年，创新条件效力指数、创新产出效力指数的年均增速分别为8.49%、7.50%。与之相比，创新投入效力指数、创新影响效力指数上升幅度较小，年均增速分别为3.81%、0.20%，如图8-11所示。在创新投入效力方面，2021年，R&D人员全时当量占从业人员比例达到6.56%，R&D经费内部支出占主营业务收入比例达到2.21%，有R&D活动的企业占全部企业比例达到76.81%，其分别是2013年的1.41倍、1.38倍、1.53倍。在创新条件效力方面，2013～2021年，单位企业办研发机构数对应的企业办研发机构仪器和设备原价由1260万元/个上升至2198.86万元/个，单位企业办研发机构人员数对应的企业办研发机构仪器和设备原价从15.94万元/人增加到22.78万元/人，企均有效发明专利数由6.05件增加到31.48件，设立研发机构的企业占全部企业的比例由40.89%增加到61.70%。在创新产出效力方面，2013～2021年，每万名R&D人员全时当量发明专利申请量由851.56件增加到1996.34件，每万名R&D人员全时当量实用新型和外观设计专利申请量由1682.70件增加到2108.56件。每亿元R&D经费发明专利申请量由26.19件增加到37.26件，每亿元R&D经费实用新型和外观设计专利申请量由51.76件增加到56.08件。在创新影响效力方面，2021年，单位能耗对应的利润总额达到3910万元/万吨标准煤，单位从业人员利润达到10.14万元/人，新产品销售收入占主营业务收入比例达到47.63%，新产品出口与新产品销售收入比例达到22.48%，分别是2013年的1.50倍、1.64倍、1.58倍、1.30倍。

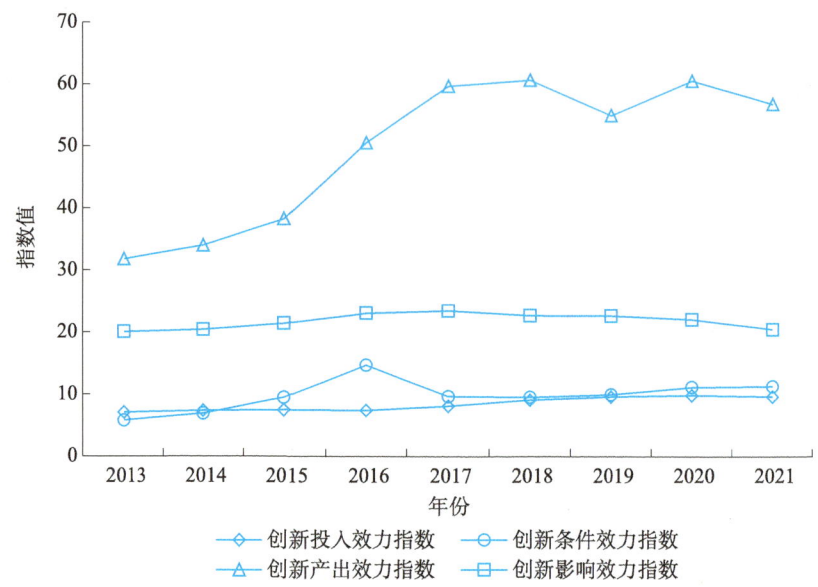

图 8-11　中国"电气机械和器材制造业"创新效力演进

值得注意的是，2013～2021 年，中国"电气机械和器材制造业"部分创新效力指数相关指标呈现下降态势。其主要原因有以下几个方面。一是该行业对技术消化吸收重视不足。2013～2021 年，消化吸收经费与技术引进经费比例下降幅度较大，由 41.55% 下降到 9.61%。二是该行业专利价值有待提升，每万名 R&D 人员全时当量专利所有权转让及许可收入在经历 2013～2017 年的快速升值后，于 2018～2021 年不断下降，从 2017 年的 3424.64 万元持续下降到 2021 年的 2847.79 万元。三是部分新产品开发相关指标波动明显，新产品开发支出与新产品销售收入比例从 2013 年的 7.02% 波动下降到 2021 年的 5.76%。

与国际领先水平相比，中国"电气机械和器材制造业"的创新实力还有一定差距。三星电子有限公司在 2021 年的 R&D 经费内部支出为 1335.72 亿元，而中国"电气机械和器材制造业"的 R&D 经费内部支出仅为 1271.93 亿元。美国商业专利数据库数据显示，2021 年美国专利申请中，三星电子有限公司共 6366 件，乐金电子有限公司共 2487 件，索尼公司共 1683 件，分别居于第 2 位、第 8 位、第 16 位，而中国企业未进入前 50 位。

在创新效力方面，从 R&D 经费内部支出占主营业务收入比例和单位从业人员利润两个指标来看，中国"电气机械和器材制造业"与国际知名企业相比，整体仍存在较大差距。2021 年，三星电子有限公司、通用电气公司的 R&D 经费内部支出占主营业务收入比例分别为 8.25%、3.64%，而中国"电气机械和器材制造业"的 R&D 经费内部支出占主营业务收入比例仅为 2.21%。2021 年，三星电子有限公司的单位从业人员利润是 83.04 万元 / 人，而中国"电气机械和器材制造业"的单位从业人员利润仅为 10.13 元 / 人。①

二、创新发展指数演进

2013～2021 年，中国"电气机械和器材制造业"创新发展指数呈现大幅上升态势。该行业创新发展指数由 21.03 提高到 30.01，年均增速达到 4.54%。其中，2016 年创新发展指数增长较为明显，同比增长 11.33%，如图 8-12 所示。

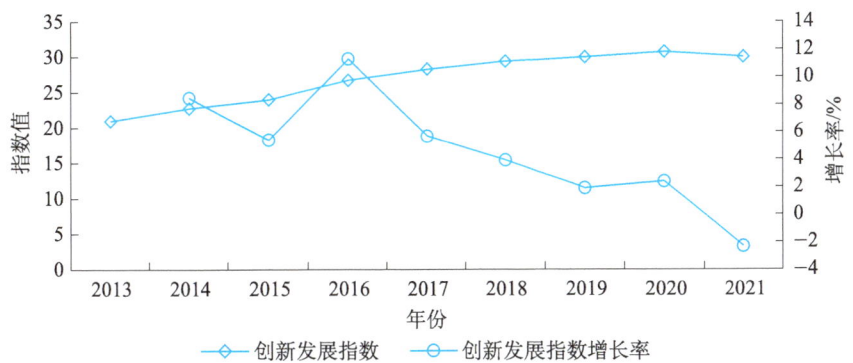

图 8-12　中国"电气机械和器材制造业"创新发展指数及其增长率演进

2013～2021 年，中国"电气机械和器材制造业"创新发展指数上升速度较快，这主要得益于科技发展指数的大幅度提升，年均增速为 8.47%。与之相比，经济发展指数、环境发展指数上升幅度略小，年均

---

① 资料来源：企业年报、《财富》中文网及其他公开资料。汇率根据中国人民银行 2021 年 12 月公布的数据折算。

增速分别为 0.58%、2.09%，如图 8-13 所示。在科技发展方面，2021 年，企业办研发机构人员数对应的有效发明专利数、单位主营业务收入发明专利申请数、单位主营业务收入实用新型和外观设计专利申请数分别是 2013 年的 3.13 倍、1.96 倍、1.50 倍。在经济发展方面，2013～2021 年，单位从业人员主营业务收入由 94.31 万元 / 人增加到 161.05 万元 / 人，新产品（仅国际市场新的产品）销售收入占主营业务收入的比重由 3.70% 上升到 5.38%。在环境发展方面，2021 年，单位能耗对应的利润总额、单位氨氮排放量对应的利润总额和单位二氧化硫排放量对应的利润总额分别为 2013 年的 1.50 倍、4.80 倍、58.69 倍，其中，单位二氧化硫排放量对应的利润总额在 2021 年实现突破性增长，从 2020 年的 50 662.67 万元 / 吨剧增至 2021 年的 126 515.73 万元 / 吨，增长率达到 149.72%。

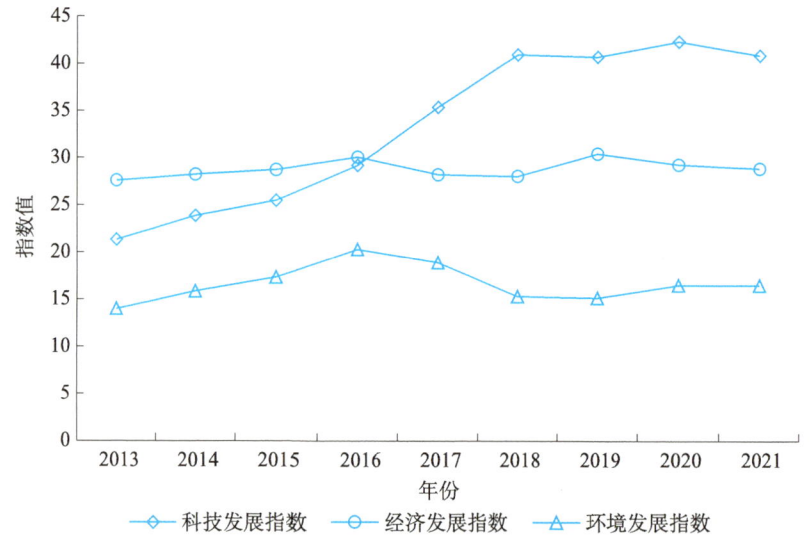

图 8-13　中国"电气机械和器材制造业"创新发展指数具体指标演进

值得关注的是，2013～2021 年，中国"电气机械和器材制造业"部分创新发展指数的相关指标波动较大。企业办研发机构人员数中博士占比从 2013 年的 1.14% 下降到 2016 年的 1.10%，2017 年回升至 1.23%，但随后持续下降至 2021 年的 1.00%。此外，在实现产品创

新企业中有国际市场新产品的企业占比下降趋势明显，从 2013 年的
27.25% 下降到 2021 年的 22.40%。

三、创新激励指数演进

2013～2021 年，中国"电气机械和器材制造业"创新激励指数提升
较为明显。2013～2021 年，该行业创新激励指数由 10.04 上升至 24.12，
年均增速达 11.58%。其中，2018 年、2019 年的创新激励指数增长较为
明显，分别同比增长 33.29%、24.51%，如图 8-14 所示。2013～2021 年，
研究开发费用加计扣除减免税由 29.19 亿元上升至 144.47 亿元，高新技
术企业减免税由 75.31 亿元上升至 179.04 亿元。2021 年的这 2 项指标
分别是 2013 年的 4.95 倍、2.38 倍，但是 R&D 经费内部支出中政府资
金由 2013 年的 18.63 亿元波动上升至 2019 年的 39.14 亿元后，在 2021
年骤降至 17.03 亿元，如图 8-15 所示。具体而言，研究开发费用加计
扣除减免税在 2017 年、2018 年、2019 年增长较为迅速，分别同比增长
35.37%、42.61%、37.21%；高新技术企业减免税在 2015 年、2018 年增
长较为迅速，分别同比增长 21.42%、28.61%；R&D 经费内部支出中政
府资金在 2019 年增长较为迅速，同比增长 51.30%，如图 8-16 所示。

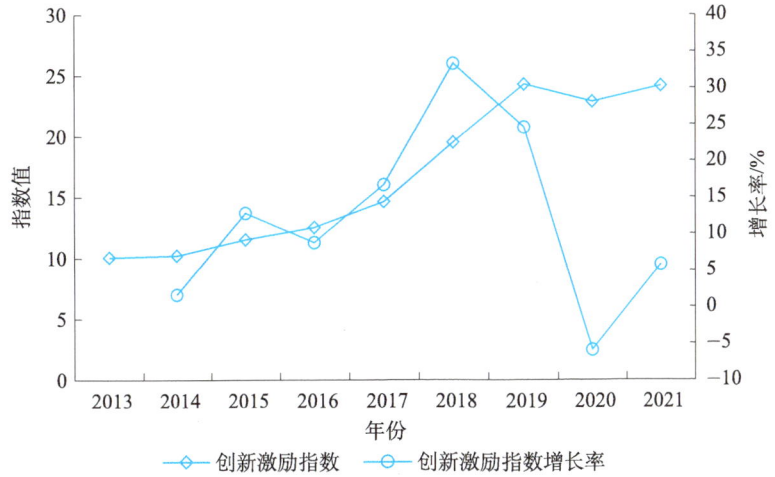

图 8-14　中国"电气机械和器材制造业"创新激励指数及其增长率演进

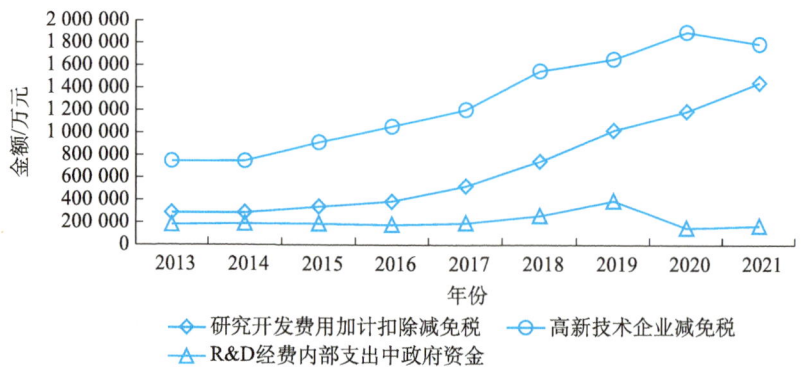

图 8-15　中国"电气机械和器材制造业"创新激励指数具体指标演进

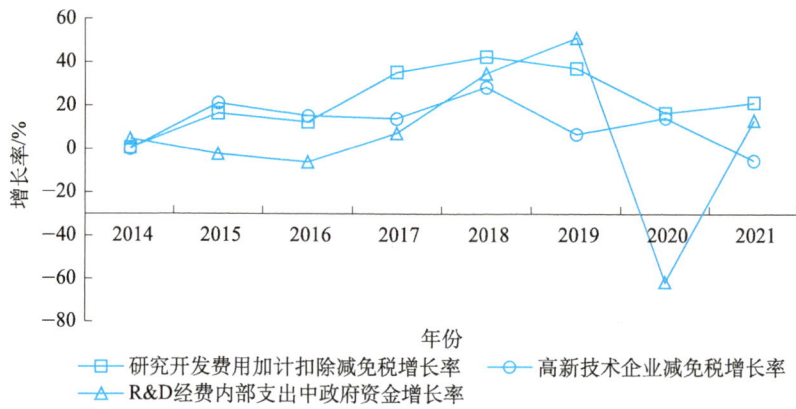

图 8-16　中国"电气机械和器材制造业"创新激励指数具体指标增长率演进

第三节　汽车制造业

一、创新能力指数演进

　　2013～2021 年，中国"汽车制造业"创新能力呈现先上升再下降后趋升态势。该行业创新能力指数由 2013 年的 14.90 提升至 2016

年的 23.60，再下降至 2020 年的 21.59，后提升至 2021 年的 23.66，2013～2021 年年均增速达 5.95%；创新实力指数由 2013 年的 16.42 上升至 2016 年的 31.43，再下降至 2020 年的 27.32，后提升至 2021 年的 29.30，2013～2021 年年均增速为 7.50%；创新效力指数由 2013 年的 13.38 上升至 2019 年的 16.53，再下降至 2020 年的 15.85，后提升至 2021 年的 18.01，2013～2021 年年均增速为 3.79%，如图 8-17 所示。2021 年，该行业 R&D 人员全时当量为 183 074 人年，R&D 经费内部支出达到 1157.48 亿元，发明专利申请量为 20 465 件，新产品销售收入为 27 448.81 亿元。

图 8-17　中国"汽车制造业"创新能力演进

2013～2021 年，中国"汽车制造业"创新实力指数上升速度较快，这主要得益于该行业创新影响实力指数的大幅度提升，年均增速为 9.97%。与之相比，创新投入实力指数、创新条件实力指数、创新产出实力指数上升幅度略小，年均增速分别为 6.14%、4.67%、7.64%，如图 8-18 所示。在创新投入实力方面，2021 年，R&D 人员全时当量、R&D 经费内部支出、消化吸收经费分别是 2013 年的 1.06 倍、1.89 倍、2.31 倍。在创新条件实力方面，2013～2021 年，企业办研发机构仪器和设备原价由 518.72 亿元增加到 699.50 亿元，企业办研发机构数由 1298 个增加到 1696 个，发明专利拥有量由 10 729 件增加到 49 981 件，企业办研发机构人员数由 168 780 人增加到 227 257 人。在创新产出实力方面，2013～2021 年，发明专利申请量从 6514 件增加至 20 465 件，实用新型和外观设计专利申请量由 21 916 件增加至 31 598 件。在创新影响实力方面，2021 年，利润总额达到 4901.28 亿元，新产品出口达到 1341.48 亿元，新产品销售收入达到 27 448.81 亿元，分别是 2013 年的 1.12 倍、2.28 倍、1.90 倍。

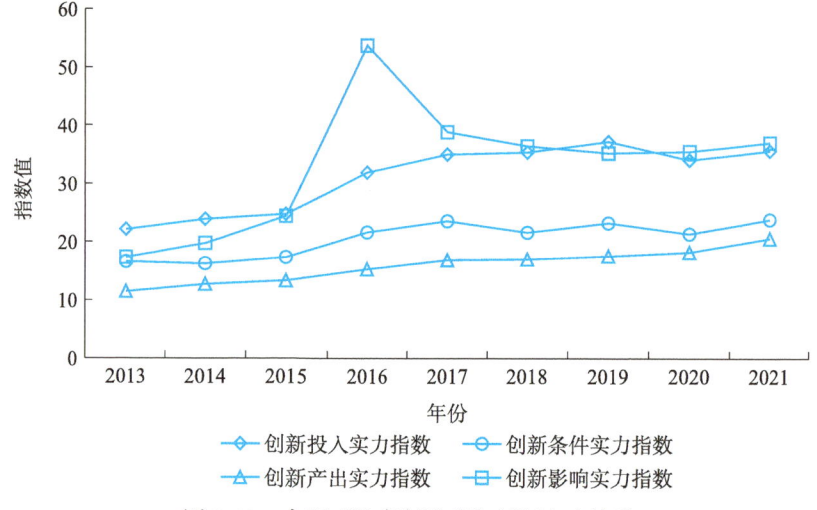

图 8-18 中国"汽车制造业"创新实力演进

值得关注的是，中国"汽车制造业"专利价值有待提升。2013～2021 年，专利所有权转让及许可收入整体波动较大，2013 年仅为 1.10 亿元，2016 年上升至 10.23 亿元，2017 年下降至 5.20 亿元。

2013～2021 年，中国"汽车制造业"创新效力指数整体提升较快，这主要得益于创新产出效力指数的快速提升。2013～2021 年，创新产出效力指数年均增速为 8.95%。与之相比，创新投入效力指数、创新条件效力指数年均增速分别为 2.72%、1.45%，而创新影响效力指数整体变化不大且有下降态势，如图 8-19 所示。在创新投入效力方面，2021 年，R&D 人员全时当量占从业人员比例达到 6.48%，R&D 经费内部支出占主营业务收入比例达到 1.66%，有 R&D 活动的企业占全部企业比例达到 67.05%，消化吸收经费与技术引进经费比例达到 21.35%，分别是 2013 年的 1.17 倍、1.30 倍、1.55 倍、1.14 倍。在创新条件效力方面，2013～2021 年，单位企业办研发机构数对应的企业办研发机构仪器和设备原价由 3996.30 万元 / 个增加到 4124.38 万元 / 个，企均有效发明专利数由 3.91 件增加到 17.37 件，设立研发机构的企业占全部企业的比例由 36.30% 增加至 46.72%。在创新产出效力方面，2013～2021 年，每万名 R&D 人员全时当量发明专利申请量由 377.51 件增加到 1117.85 件，每亿元 R&D 经费发明专利申请量由 10.66 件增加到 17.68 件。在创新影响效力方面，2021 年，单位从业人员利润达到 17.34 万元 / 人，新产品开发支出与新产品销售收入比例达到 5.59%，新产品销售收入占主营业务收入比例达到 39.26%，每万名 R&D 人员全时当量专利所有权转让及许可收入达到 2839.73 万元，分别是 2013 年的 1.23 倍、1.13 倍、1.31 倍、4.46 倍。

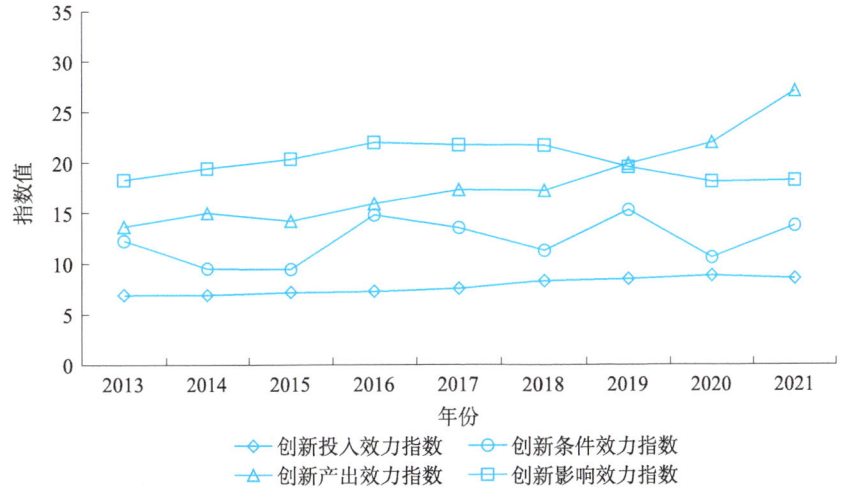

图 8-19　中国"汽车制造业"创新效力演进

值得注意的是，2013～2021 年，中国"汽车制造业"部分创新效力指数相关指标呈现下降态势。其主要原因有两个方面。一是单位 R&D 经费产出的实用新型和外观设计专利申请量下降明显。2013～

2021 年，每亿元 R&D 经费实用新型和外观设计专利申请量由 35.86 件下降至 27.30 件。二是能耗成本的利用率有待提升。单位能耗对应的利润总额从 2013 年 14 301.69 万元 / 万吨标准煤下降至 2021 年的 10 551.73 万元 / 万吨标准煤。

与国际领先企业相比，中国"汽车制造业"的创新实力还有待提升。从 2021 年《财富》世界 500 强企业分行业来看，在"汽车与零部件行业"相关行业营业收入前 10 名的企业中，中国企业仅有 2 家，为上海汽车集团股份有限公司、中国第一汽车集团有限公司，分别居于第八位、第九位，仍有较大提升空间。美国商业专利数据库数据显示，2021 年美国专利申请中，丰田汽车公司专利授权量为 2028 件，福特汽车公司为 1626 件，本田汽车公司为 1209 件，现代汽车公司为 1269 件，分别居于第 12 位、第 17 位、第 24 位、第 20 位，而上海汽车集团股份有限公司和中国第一汽车集团有限公司均未进入前 50 位[1]。

在创新效力方面，从 R&D 经费内部支出占主营业务收入比例和单位从业人员利润两个指标来看，中国"汽车制造业"与国际知名企业相比，仍有一定差距。2021 年，丰田汽车公司、本田汽车公司、通用汽车公司、现代汽车公司的 R&D 经费内部支出占主营业务收入比例分别为 3.59%、4.86%、6.45%、2.95%，而中国"汽车制造业"的 R&D 经费内部支出占主营业务收入比例仅为 1.66%。2021 年，丰田汽车公司、通用汽车公司的单位从业人员利润分别是 36.87 万元 / 人、26.44 万元 / 人，而中国"汽车制造业"的单位从业人员利润仅为 17.34 万元 / 人，上海汽车集团股份有限公司、中国第一汽车集团有限公司的单位从业人员利润分别是 20.05 万元 / 人、19.87 万元 / 人[2]。

① Top 50 US Patent Assignees.[2024-09-01]. https://www.ificlaims.com/rankings-top-50-2021.htm.
② 资料来源：企业年报、《财富》中文网及其他公开资料。汇率根据中国人民银行 2021 年 12 月公布的数据折算。

二、创新发展指数演进

中国"汽车制造业"创新发展指数呈现波动上升态势。2013～2021 年，该行业创新发展指数由 18.48 提高到 20.34，年均增速为 1.21%。其中，2014 年和 2016 年创新发展指数增长较为明显，分别同比增长 6.87%、8.13%，如图 8-20 所示。

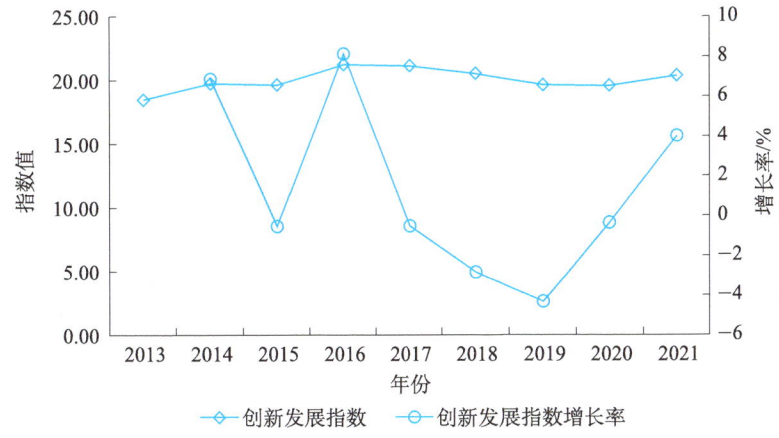

图 8-20　中国"汽车制造业"创新发展指数及其增长率演进

2013～2021 年，中国"汽车制造业"创新发展指数波动上升，主要得益于科技发展指数的大幅度提升，科技发展指数年均增速为 7.89%。与之相比，经济发展指数、环境发展指数均有明显下降，其中经济发展指数由 26.38 下降至 21.88，环境发展指数由 20.47 下降至 18.88，如图 8-21 所示。在科技发展方面，2021 年单位主营业务收入发明专利申请数和企业办研发机构人员数对应的有效发明专利数分别是 2013 年的 2.16 倍、3.46 倍，而 2021 年单位主营业务收入实用新型和外观设计专利申请数整体变化不大，是 2013 年的 0.99 倍。在经济发展方面，2013～2021 年，单位从业人员主营业务收入从 7.55 万元 / 人增加至 15.24 万元 / 人。在环境发展方面，2021 年，单位氨氮排放量对应的利润总额、单位二氧化硫排放量对应的利润总额分别为 2013 年的 2.63 倍、15.86 倍，其中，单位二氧化硫排放量对应的利润总额实现突破性增长，从 7239.17 万元 / 吨增加到 114 784.07 万元 / 吨，增长率达到 1485.60%。

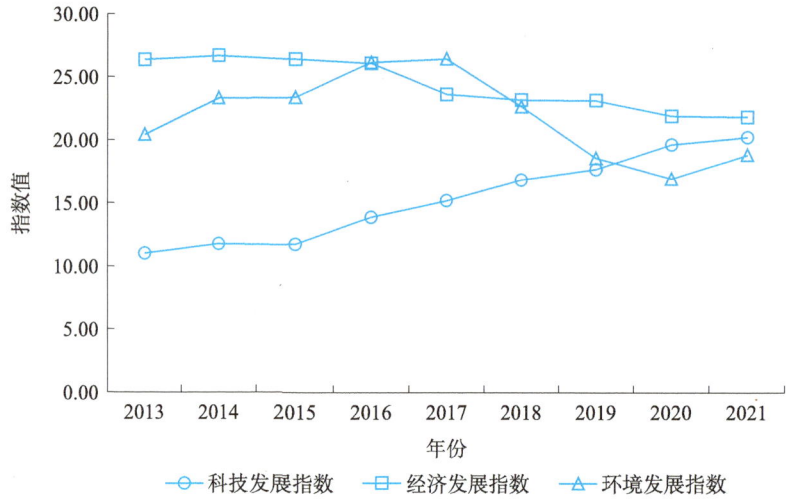

图 8-21　中国"汽车制造业"创新发展指数具体指标演进

值得关注的是，2013～2021 年，中国"汽车制造业"部分创新发展指数相关指标波动较大。企业办研发机构人员数中博士占比从 2013年的 0.88% 下降到 2015 年的 0.78%，随后经历了 2016～2020 年的五年回升期又开始下降，在 2021 年下降至 0.74%。经济发展指数相关指标波动明显。利润总额与主营业务收入比例从 2013 年的 9.13% 下降至 2021 年的 7.01%，在实现产品创新企业中有国际市场新产品的企业占比从 2013 年的 19.60% 上升至 2016 年的 21.60%，随后逐年下降至2021 年的 15.38%。新产品（仅国际市场新的产品）销售收入占主营业务收入的比重从 2013 年的 2.70% 下降至 2017 年的 1.22%，于 2020 年上升到 1.80%，在 2021 年再次下降至 1.44%。环境发展指数相关指标中，单位能耗对应的利润总额从 2013 年的 14 301.69 万元 / 万吨标准煤上升至 2016 年的 18 252.04 万元 / 万吨标准煤，后又逐年下降至 2021年的 10 551.73 万元 / 万吨标准煤。

三、创新激励指数演进

2013～2021 年，中国"汽车制造业"创新激励指数整体处于上升态势，由 9.50 上升至 17.59，年均增速为 8.00%。其中，2014 年、2017 年、2019 年创新激励指数增长较为明显，同比增长 17.82%、20.73%、42.94%，如图 8-22 所示。2013～2021 年，研究开发费用加计扣除减免税从 47.41 亿元上升至 118.43 亿元，高新技术企业减免税由 48.02 亿元上升至 108.26 亿元，R&D 经费内部支出中政府资金由 19.08 亿元上升至 2019 年的 51.57 亿元，于 2021 年下降至 16.09 亿元。2021 年，上述三个指标分别是 2013 年的 2.50 倍、2.25 倍、0.84 倍，如图 8-23 所示。具体而言，研究开发费用加计扣除减免税在 2014 年、2018 年增长较为迅速，分别为 41.82%、40.58%；高新技术企业减免税在 2016 年、2017 年增长较为迅速，分别为 38.07%、36.29%；R&D 经费内部支出中政府资金在 2019 年增长最为迅速，达到 136.89%，如图 8-24 所示。

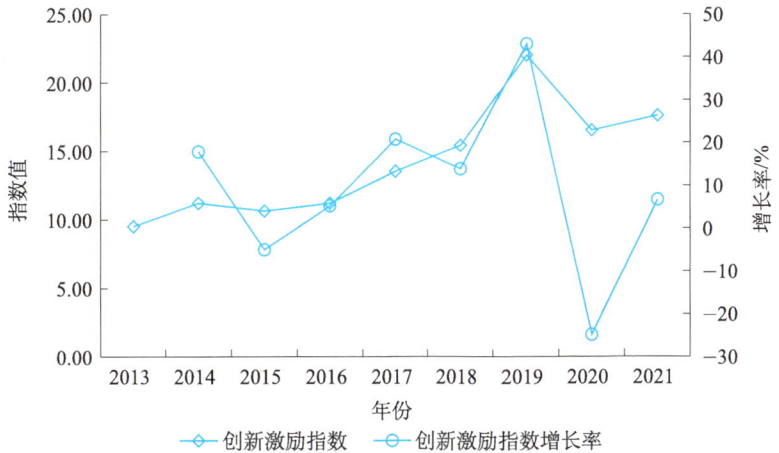

图 8-22　中国"汽车制造业"创新激励指数及其增长率演进

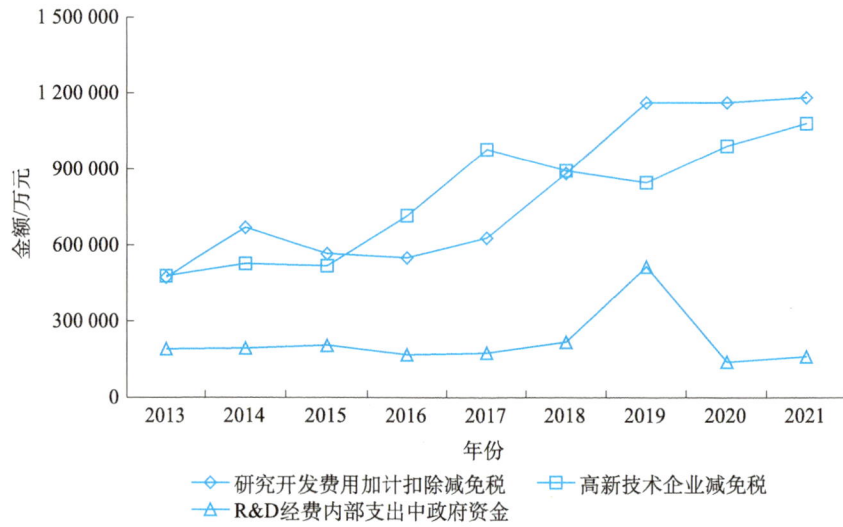

图 8-23　中国"汽车制造业"创新激励指数具体指标演进

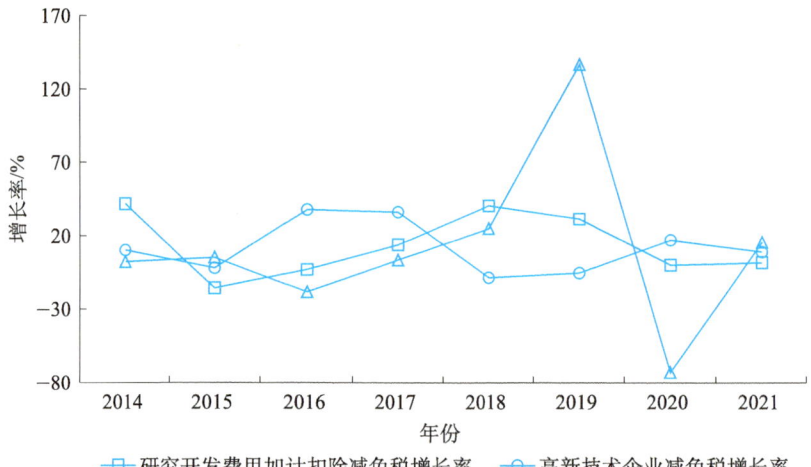

图 8-24　中国"汽车制造业"创新激励指数具体指标增长率演进

第四节　专用设备制造业

一、创新能力指数演进

中国"专用设备制造业"创新能力整体呈现上升趋势。2013～2021 年，中国该行业创新能力指数由 15.27 提升至 21.14，年均增速达到 4.15%；创新实力指数由 12.09 上升至 2016 年的 16.26，后下降至 15.66，年均增速为 3.29%；创新效力指数由 18.45 上升至 26.62，年均增速为 4.69%，如图 8-25 所示。2021 年，该行业 R&D 人员全时当量为 119 217 人年，R&D 经费内部支出达到 578.70 亿元，发明专利申请量为 19 067 件，新产品销售收入为 7889.98 亿元。

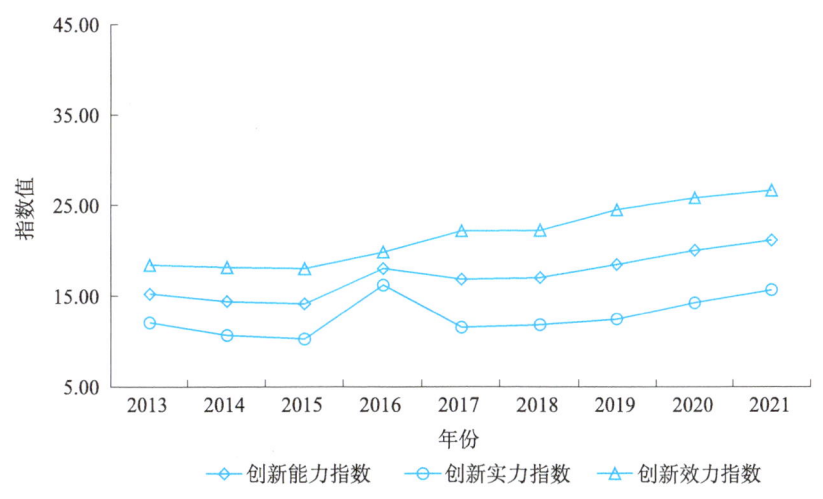

图 8-25　中国"专用设备制造业"创新能力演进

2013～2021 年，中国"专用设备制造业"创新实力指数呈现缓慢上升趋势，这主要得益于该行业创新条件实力指数、创新产出实力指数的提升，年均增速分别为 4.67%、7.26%。与之相比，创新投入实力指数上升幅度略小，年均增速为 2.64%，创新影响实力指数经历波动，在 2016 年达到峰值后迅速下降，2017～2021 年又缓慢上升，如图 8-26 所示。在创新投入实力方面，2021 年，R&D 经费内部支出是 2013 年的 1.58 倍。在创新条件实力方面，2013～2021 年，企业办研发机构仪器和设备原价由 185.47 亿元增加到 328.89 亿元，企业办研发机构数由 1446 个增加到 1760 个，发明专利拥有量由 15 881 件增加到 54 926 件，企业办研发机构人员数由 116 429 人增加到 150 187 人。在创新产出实力方面，2013～2021 年，发明专利申请量从 9916 件增加至 19 067 件，实用新型和外观设计专利申请量由 18 255 件增加至 30 409 件。在创新影响实力方面，2021 年，利润总额达到 1895.76 亿元，新产品出口达到 1189.48 亿元，新产品销售收入达到 7889.98 亿元，分别是 2013 年的 1.49 倍、1.65 倍、1.67 倍。

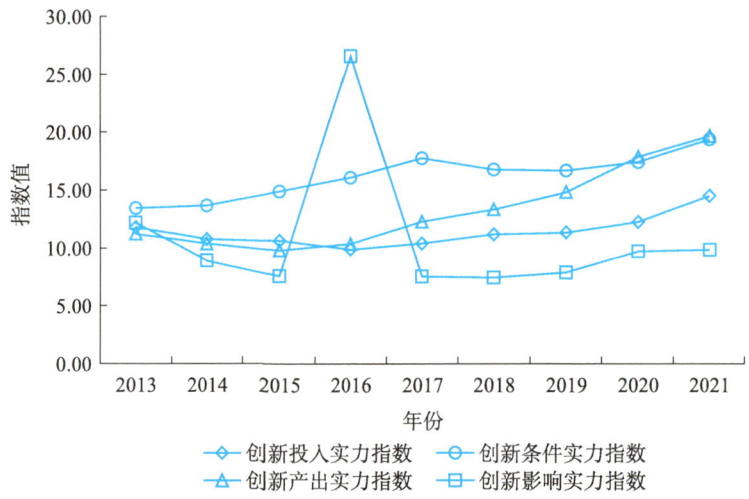

图 8-26　中国"专用设备制造业"创新实力演进

　　值得关注的是，中国"专用设备制造业"创新投入实力相关指标出现波动。具体来看，2013～2021 年，R&D 人员全时当量从 2013 年的 126 162 人年不断下降至 2017 年的 101 599 人年，后又缓慢上升至 2021 年的 119 217 人年；消化吸收经费先是大幅下降，从 2013 年的 2.26

亿元下降至 2020 年的 0.52 亿元，随后在 2021 年大幅提升至 6.87 亿元。在创新影响实力相关指标中，专利所有权转让及许可收入经历较大波动，2013 年仅为 2.33 亿元，2016 年上升至 6.85 亿元，2017 年又下降至 0.82 亿元。

2013～2021 年，中国"专用设备制造业"创新效力指数整体提升较快，这主要得益于创新条件效力指数和创新投入效力指数的快速提升。2013～2021 年，创新条件效力指数和创新投入效力指数的年均增速分别为 6.70% 和 6.60%，与之相比，创新产出效力指数和创新影响效力指数年均增速分别为 5.56%、2.12%，如图 8-27 所示。在创新投入效力方面，2021 年，R&D 人员全时当量占从业人员比例达到 7.67%，R&D 经费内部支出占主营业务收入比例达到 3.02%，有 R&D 活动的企业占全部企业比例达到 78.81%，分别是 2013 年的 1.20 倍、1.44 倍、1.50 倍。在创新条件效力方面，2013～2021 年，单位企业办研发机构数对应的企业办研发机构仪器和设备原价由 1282.63 万元 / 个增加到 1868.71 万元 / 个，单位企业办研发机构人员数对应的企业办研发机构仪器和设备原价由 15.93 万元 / 人增加到 21.90 万元 / 人，企均有效发明专利数由 6.59 件增加到 25.69 件，设立研发机构的企业占全部企业

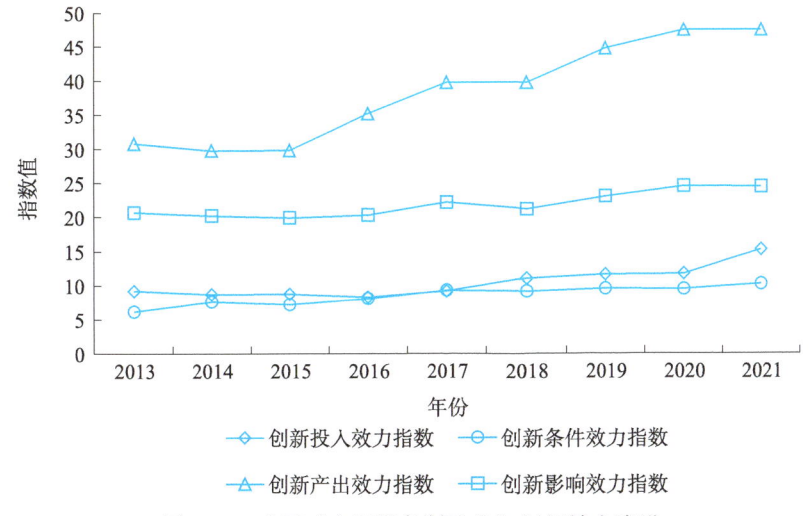

图 8-27 中国"专用设备制造业"创新效力演进

的比例由 43.75% 增加至 58.51%。在创新产出效力方面，2013～2021年，每万名 R&D 人员全时当量发明专利申请量由 785.97 件增加到1599.35 件，每亿元 R&D 经费发明专利申请量由 27.03 件增加到 32.95件，每万名 R&D 人员全时当量实用新型和外观设计专利申请量从1446.95 件上升至 2550.73 件，每亿元 R&D 经费实用新型和外观设计专利申请量由 49.77 件上升至 52.55 件；在创新影响效力方面，2021年，单位能耗对应的利润总额为 9521.65 万元 / 万吨标准煤，单位从业人员利润达到 12.19 万元 / 人，新产品销售收入占主营业务收入比例达到41.12%，分别是 2013 年的 1.43 倍、1.90 倍、1.53 倍。

值得注意的是，2013～2021 年，中国"专用设备制造业"部分创新效力指数相关指标呈现波动或下降态势。其主要原因有两个方面。一是创新投入效力相关指标出现了波动。消化吸收经费与技术引进经费比例在 2013～2020 年由 16.99% 下降至 6.78%，而在 2021 年激增至381.47%。二是创新影响效力相关指标出现了波动。新产品出口与新产品销售收入比例和新产品开发支出与新产品销售收入比例基本持平，每万名 R&D 人员全时当量专利所有权转让及许可收入在经历 2016 年激增后，呈现下降态势，由 2013 年的 1850.64 万元下降至 2021 年的683.71 万元。

与国际领先企业相比，中国"专用设备制造业"的创新实力还有待提升。从研发经费内部支出看，卡特彼勒公司、美国迪尔公司、阿西布朗勃法瑞公司 2021 年 R&D 经费内部支出分别为 107.49 亿元、101.18 亿元、77.72 亿元，而 2021 年中国"专用设备制造业"整个行业的 R&D 经费内部支出为 578.70 亿元。从专利申请来看，2021 年卡特彼勒公司、美国迪尔公司、阿西布朗勃法瑞公司的发明专利申请量分别为 2653 件、1756 件、2213 件，中国"专用设备制造业"整个行业的发明专利申请量为 19 067 件。

在创新效力方面，从 R&D 经费内部支出占主营业务收入比例和单位从业人员利润两个指标来看，中国"专用设备制造业"与国际知名企业相比，仍有一定差距。2021 年，美国迪尔公司、阿西布朗勃法瑞公司的 R&D 经费内部支出占主营业务收入比例分别为 4.47%、4.04%，中国"专用设备制造业"的 R&D 经费内部支出占主营业务收入比例为 3.02%。2021 年，卡特彼勒公司、美国迪尔公司、阿西布朗勃法瑞公司的单位从业人员利润为 53.76 万元 / 人、25.19 万元 / 人、57.16 万元 / 人，中国"专用设备制造业"的单位从业人员利润为 12.19 万元 / 人[①]。

二、创新发展指数演进

中国"专用设备制造业"创新发展指数整体呈上升态势。2013～2021 年，该行业创新发展指数由 21.38 提高到 30.88，年均增速为 4.70%。其中，2017 年、2019 年创新发展指数增长较为明显，分别同比增长 10.95%、10.04%，如图 8-28 所示。

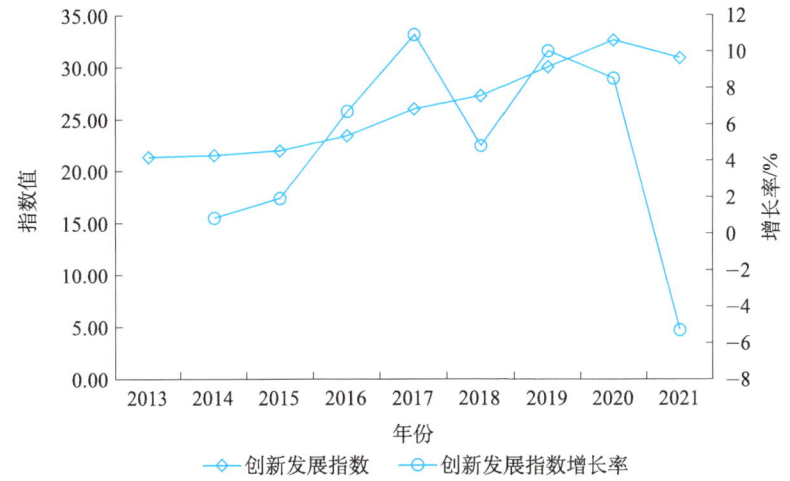

图 8-28　中国"专用设备制造业"创新发展指数及其增长率演进

2013～2021 年，中国"专用设备制造业"创新发展指数整体呈上升态势，这主要得益于环境发展指数的大幅度提升，年均增速为 8.39%。与之相比，经济发展指数和科技发展指数上升速度较小，年均

---

① 资料来源：企业年报、《财富》中文网及其他公开资料。汇率根据中国人民银行 2021 年 12 月公布的数据折算。

增速分别为 1.28%、5.65%，如图 8-29 所示。在科技发展方面，2021年，单位主营业务收入发明专利申请数、单位主营业务收入实用新型和外观设计专利申请数、企业办研发机构人员数对应的有效发明专利数分别是 2013 年的 1.76 倍、1.53 倍、2.68 倍。在经济发展方面，2013～2021 年，利润总额与主营业务收入比例由 7.23% 上升至 9.88%，单位从业人员主营业务收入从 88.79 万元 / 人增加至 123.36 万元 / 人，新产品（仅国际市场新的产品）销售收入占主营业务收入的比重由 2.1% 上升至 2.8%。在环境发展方面，2021 年，单位能耗对应的利润总额、单位氨氮排放量对应的利润总额、单位二氧化硫排放量对应的利润总额分别为 2013 年的 1.43 倍、6.03 倍、101.14 倍，其中，单位二氧化硫排放量对应的利润总额实现突破性增长，从 1233.17 万元 / 吨增加到 124 721.05 万元 / 吨，增长率达到 10 013.88%。

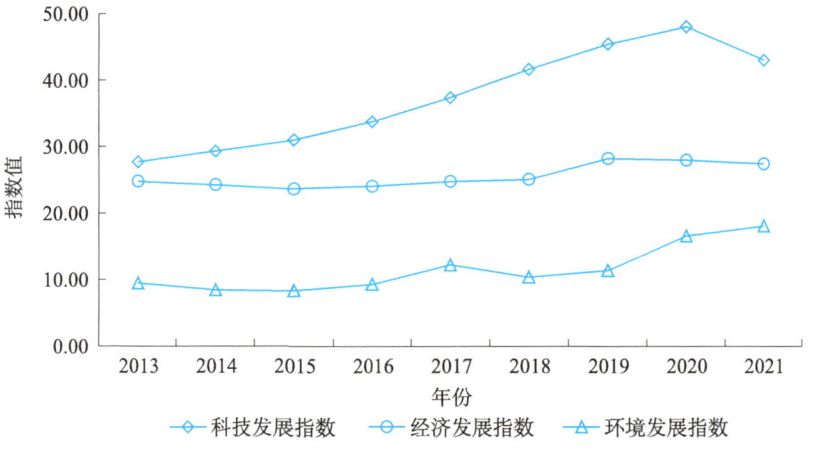

图 8-29　中国"专用设备制造业"创新发展指数具体指标演进

值得关注的是，2013～2021 年，中国"专用设备制造业"部分创新发展指数相关指标有所下降。2013～2021 年，企业办研发机构人员数中博士占比从 1.56% 下降到 1.06%。在实现产品创新企业中有国际市场新产品的企业占比从 2013 年的 24.4% 上升至 2016 年的 26.3%，随后波动下降至 2021 年的 20.9%。

三、创新激励指数演进

2013～2021 年，中国"专用设备制造业"创新激励指数整体处于上升态势，由 6.79 上升至 15.28，年均增速为 10.67%。其中，2017 年、2020 年创新激励指数增长较为明显，同比增长 37.06%、39.46%，如图 8-30 所示。2013～2021 年，研究开发费用加计扣除减免税从 16.50 亿元上升至 74.18 亿元，高新技术企业减免税由 42.46 亿元上升至 95.36 亿元，R&D 经费内部支出中政府资金由 17.12 亿元上升至 24.38 亿元。2021 年，上述三个指标分别是 2013 年的 4.50 倍、2.25 倍、1.42 倍，如图 8-31 所示。具体而言，研究开发费用加计扣除减免税在 2017 年和 2019 年增长较为迅速，分别为 55.67%、44.99%；高新技术企业减免税在 2017 年、2020 年增长较为迅速，分别为 48.35%、56.58%；R&D 经费内部支出中政府资金在 2018 年、2020 年增长较为迅速，分别为 29.48%、29.75%，如图 8-32 所示。

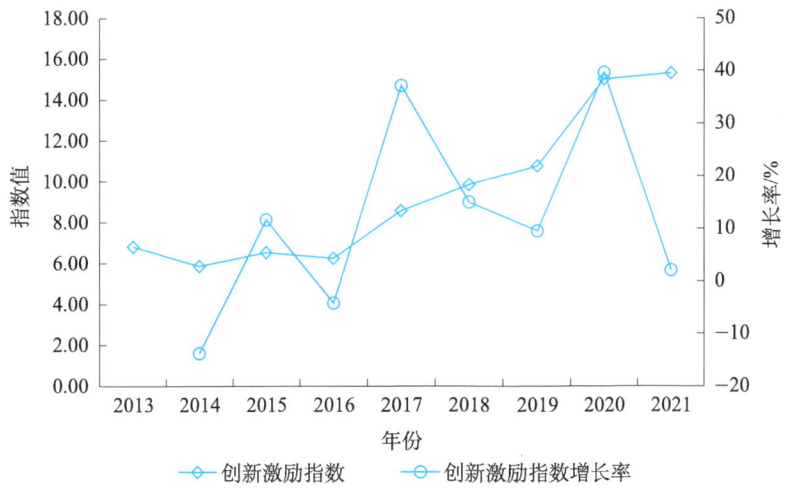

图 8-30　中国"专用设备制造业"创新激励指数及其增长率演进

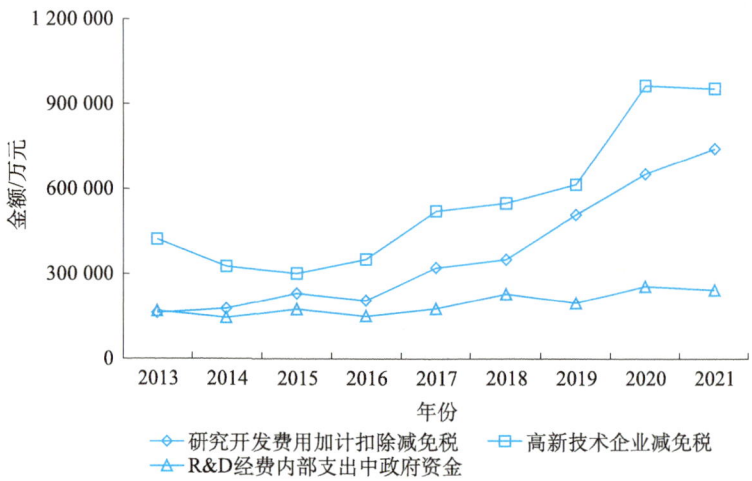

图 8-31   中国"专用设备制造业"创新激励指数具体指标演进

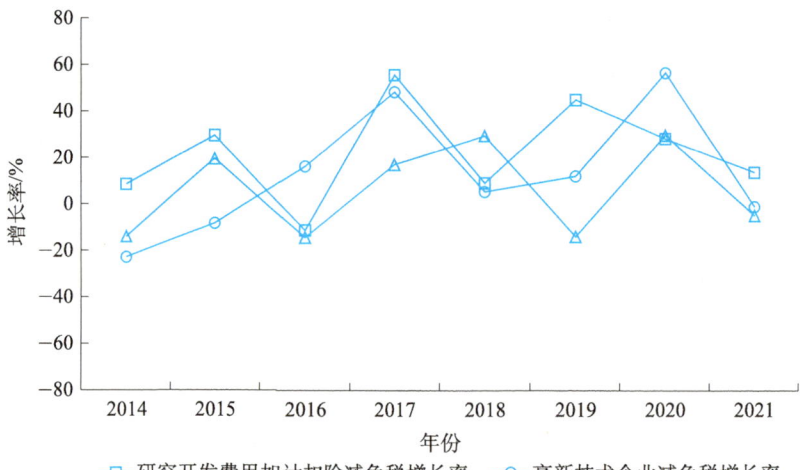

图 8-32   中国"专用设备制造业"创新激励指数具体指标增长率演进

第五节　医药制造业

一、创新能力指数演进

中国"医药制造业"创新能力呈现上升态势。2013～2021 年，该行业创新能力指数由 11.90 上升至 20.62，年均增速为 7.12%；创新实力指数由 7.87 上升至 18.85，年均增速为 11.54%；创新效力指数由 15.93 提高到 22.39，年均增速为 4.35%，如图 8-33 所示。2021 年，该行业 R&D 人员全时当量为 104 238 人年，R&D 经费内部支出达到 726.85 亿元，发明专利申请量为 9614 件，新产品销售收入为 9098.85 亿元。

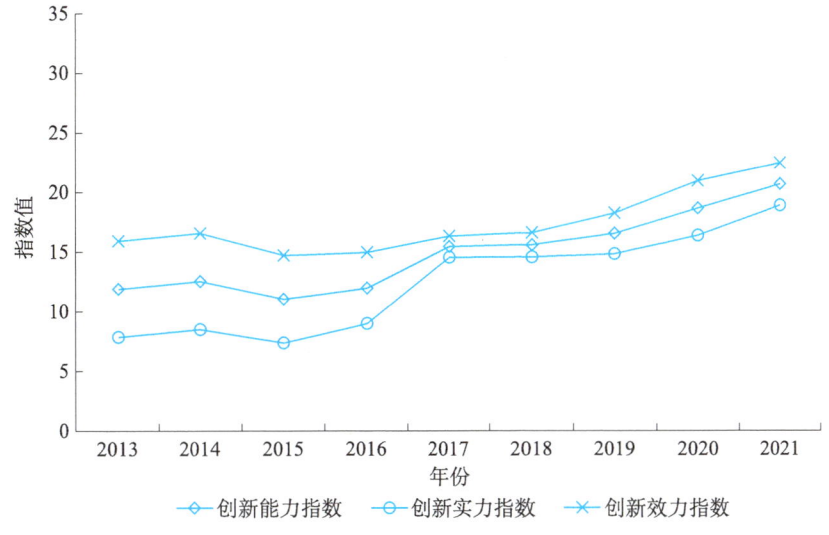

图 8-33　中国"医药制造业"创新能力演进

中国"医药制造业"创新实力稳步上升。2013～2021 年，其创新投入实力指数、创新条件实力指数、创新产出实力指数平稳增长，年均增速分别为 5.01%、5.85%、4.82%；特别地，创新影响实力指数在 2017 年出现了大幅增长，同比增长 171.60%，如图 8-34 所示。在创新投入实力方面，2021 年 R&D 人员全时当量和 R&D 经费内部支出分别是 2013 年水平的 1.11 倍、2.81 倍；在创新条件实力方面，2013～2021 年，企业办研发机构仪器和设备原价由 143.28 亿元增加到 423.89 亿元，年均增长 14.52%，企业办研发机构数由 1217 个增加到 1482 个，发明专利拥有量由 12 795 件增加到 37 655 件，年均增长 14.45%，企业办研发机构人员数由 86 986 人增加到 124 185 人；在创新产出实力方面，2013～2021 年，发明专利申请量由 6654 件增加到 9614 件，实用新型和外观设计专利申请量由 3389 件增加到 4985 件；在创新影响实力方面，2021 年，专利所有权转让及许可收入达 6.57 亿元，在 2017 年有一个同比高达 411.16% 的增长，此外，利润总额达 5608.91 亿元，新产品出口达 1859.34 亿元，新产品销售收入达 9098.85 亿元，分别是 2013 年的 3.77 倍、6.81 倍、3.04 倍。

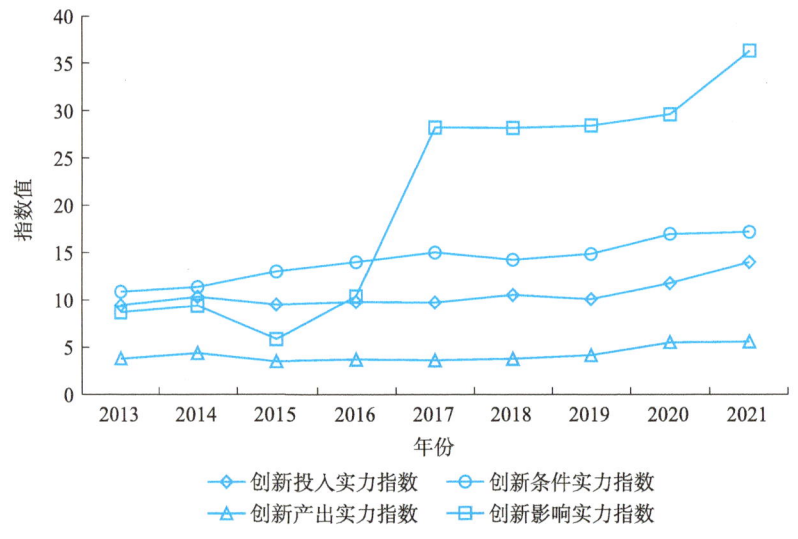

图 8-34　中国"医药制造业"创新实力演进

值得关注的是，中国"医药制造业"消化吸收经费从 2013 年的 5.89 亿元增长至 2014 年的 6.74 亿元，而后持续走低，降至 2021 年的

1.40 亿元，仅为 2013 年水平的 23.77%。

中国"医药制造业"创新效力指数有一定波动，但总体呈现上升趋势。2013～2021 年，创新投入效力指数、创新条件效力指数、创新影响效力指数均呈现出上升趋势，年均增速分别为 3.25%、10.07%、9.28%；与之形成对比的是，创新产出效力指数以 -3.97% 的年均增速由 2013 年的 22.08 下降至 2021 年的 15.96，如图 8-35 所示。在创新投入效力方面，2021 年，R&D 人员全时当量占从业人员比例达 7.60%，R&D 经费内部支出占主营业务收入比例达到 3.45%，有 R&D 活动的企业占全部企业比例达到 85.28%，分别是 2013 年的 1.16 倍、1.74 倍、1.26 倍；在创新条件效力方面，2021 年单位企业办研发机构数对应的企业办研发机构仪器和设备原价为 2860.27 万元 / 个，单位企业办研发机构人员数对应的企业办研发机构仪器和设备原价达 34.13 万元 / 人，企均有效发明专利数达 23.49 件，均以超过 9% 的年均增速迅速扩大，设立研发机构的企业占全部企业的比例增长较为缓慢，年均增速为 1.57%；创新产出效力方面，2021 年每万名 R&D 人员全时当量发明专利申请量以及每万名 R&D 人员全时当量实用新型和外观设计专利申请量分别增长至 922.31 件、478.23 件，分别是 2013 年水平的 1.30

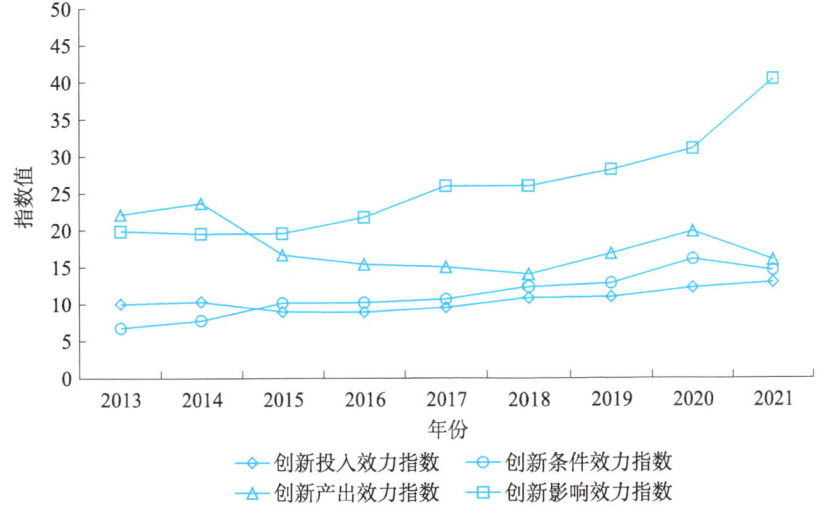

图 8-35　中国"医药制造业"创新效力演进

倍、1.33 倍；创新影响效力方面，2021 年，单位能耗对应的利润总额达 23 419.25 万元 / 万吨标准煤，新产品出口与新产品销售收入比例达 20.43%，新产品开发支出与新产品销售收入比例达 9.48%，新产品销售收入占主营业务收入比例达 43.22%，分别是 2013 年的 3.43 倍、2.24 倍、1.06 倍、1.88 倍，单位从业人员利润和每万名 R&D 人员全时当量专利所有权转让及许可收入分别以 18.77%、19.24% 的年均增长率达到了 40.88 万元、6299.43 万元。

值得注意的是，2013～2021 年，中国"医药制造业"部分创新效力呈现下降趋势，其主要原因有两个方面。一是指标消化吸收经费与技术引进经费比例波动较大，从 2013 年的 115.74% 上升至 2014 年的 167.54%，而后迅速走低，一直跌至 2021 年的 9.93%；二是 2021 年每亿元 R&D 经费发明专利申请量、每亿元 R&D 经费实用新型和外观设计专利申请量分别跌至 2013 年的 51%、52%。

与国际领先企业相比，中国"医药制造业"的创新实力与创新效力存在较大差距。从创新实力的角度出发，从 R&D 经费内部支出看，罗氏公司、强生公司、诺华集团、辉瑞制药有限公司 2021 年分别为 955.93 亿元、937.23 亿元、608.24 亿元、881.70 亿元，而中国"医药制造业"整个行业 2021 年仅为 726.85 亿元；从专利角度看，罗氏公司、强生公司、诺华集团、辉瑞制药有限公司 2021 年发明专利拥有量分别为 292 731 件、546 526 件、195 077 件、137 271 件，形成对比的是，中国"医药制造业"发明专利拥有量仅为 37 655 件。

从创新效力的角度出发，中国"医药制造业"在单位从业人员利润、R&D 经费内部支出占主营业务收入比例两个指标上与国际领先企业相比，差距较大。2021 年，世界知名医药企业默沙东公司、强生公司、诺华集团、罗氏公司、辉瑞制药有限公司对应的单位从业人员利润分别为 121.16 万元 / 人、69.75 万元 / 人、70.44 万元 / 人、95.69 万元 / 人、178.51 万元 / 人，均远高于中国"医药制造业"的单位从业人员利润（40.88 万元 / 人）；相应地，默沙东公司、强生公司、诺华集团、罗氏公司、辉瑞制药有限公司的 R&D 经费内部支出占主营业务收入比例依次为 12.32%、17.80%、19.12%、23.32%、26.79%，分别是中国"医药制造业"（3.45%）的 3.57 倍、5.16 倍、5.54 倍、6.76 倍和 7.76 倍[①]。

二、创新发展指数演进

中国"医药制造业"创新发展指数整体来看稳步上升。2013～2021 年，该行业创新发展指数由 25.85 提升至 41.16，年均增速达 5.99%。其中，2021 年的创新发展指数大幅度提升，同比增长 24.88%，如图 8-36 所示。

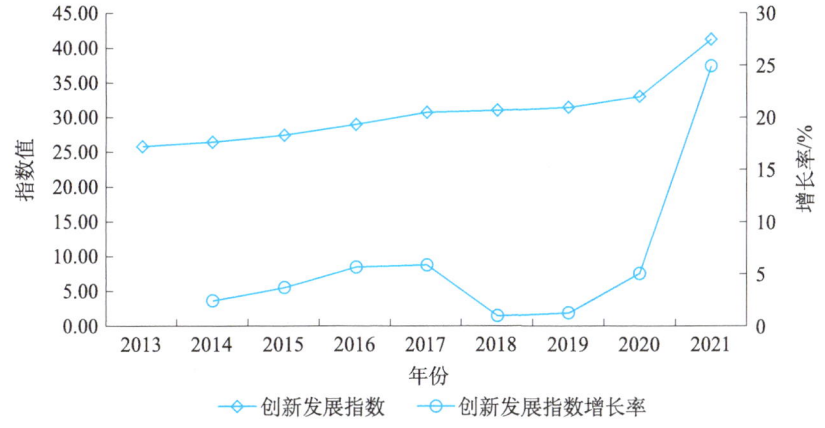

图 8-36 中国"医药制造业"创新发展指数及其增长率演进

2013～2021 年，中国"医药制造业"创新发展指数稳步上升，其环境发展指数以 16.92% 的年均增速大幅提升，与之相比，科技发展指数和经济发展指数的年均增速分别为 1.13%、8.83%，如图 8-37 所示。在科技发展方面，"医药制造业"企业办研发机构人员数中博士占比在 2016～2021 年均居于行业首位，2021 年为 2.99%，达到行业平均水平的 2.72 倍；企业办研发机构人员数对应的有效发明专利数以 9.46% 的

---

① 资料来源：企业年报、《财富》中文网及其他公开资料。汇率根据中国人民银行 2021 年 12 月公布的数据折算。

年均增速高速增长，2021 年是 2013 年的 2.06 倍。在经济发展方面，2021 年中国"医药制造业"利润总额与主营业务收入比例、单位从业人员主营业务收入分别达到了 2013 年的 2.33 倍、1.70 倍，新产品（仅国际市场新的产品）销售收入占主营业务收入的比重以 25.66% 的年均增速从 2013 年的 0.90% 增长至 2021 年的 5.60%。在环境发展方面，2021 年单位能耗对应的利润总额达到了 2013 年的 3.43 倍；单位氨氮排放量对应的利润总额、单位二氧化硫排放量对应的利润总额分别达到了 2013 年的 21.88 倍、62.67 倍，年均增速分别为 47.07%、67.74%。

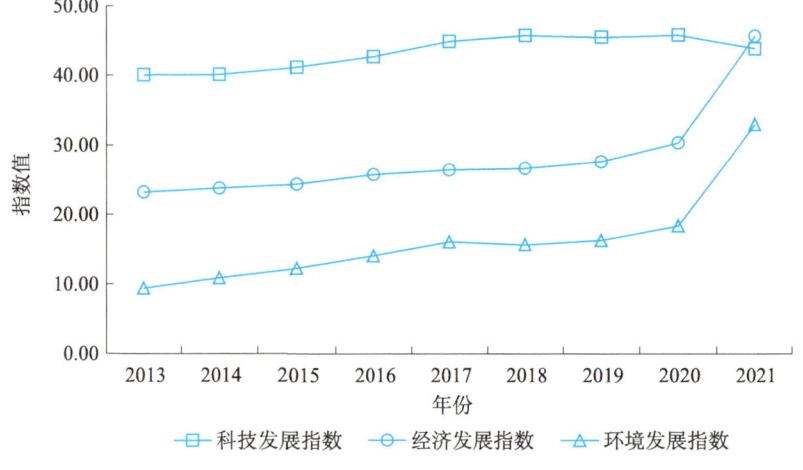

图 8-37　中国"医药制造业"创新发展指数具体指标

值得注意的是，单位主营业务收入发明专利申请数有较大波动，从 2013 年的 0.51 件／万元，下降到 2016 年的 0.32 件／万元，再回升至 2021 年的 0.46 件／万元；同样地，单位主营业务收入实用新型和外观设计专利申请数从 2013 年的 0.26 件／万元，下降至 2015 年的 0.18 件／万元，此后波动回升到 2021 年的 0.24 件／万元。在新产品（仅国际市场新的产品）销售收入占主营业务收入的比重大幅上涨的同时，2021 年在实现产品创新企业中有国际市场新产品的企业占比仅为 2013 年水平的 84%，经历较大起伏。

三、创新激励指数演进

2013～2021 年，中国"医药制造业"创新激励指数波动上升，由 7.39 提升至 22.41，年均增速为 14.87%，2016 年、2019 年、2021 年同比增速分别高达 24.30%、34.15%、25.81%，如图 8-38 所示。2013～2021 年，研究开发费用加计扣除减免税由 14.98 亿元大幅上升至 103.51 亿元，年均增速达 27.33%，高新技术企业减免税由 58.08 亿元上升至 191.45 亿元，R&D 经费内部支出中政府资金由 15.21 亿元上升至 17.86 亿元，其中 2019 年达到 23.95 亿元，如图 8-39 所示。具体而言，研究开发费用加计扣除减免税在 2016 年、2018 年、2019 年增长较快，分别同比增长 43.23%、46.12%、74.27%；高新技术企业减免税在 2015 年、2016 年、2021 年分别同比增长 22.85%、28.71%、28.88%；R&D 经费内部支出中政府资金在 2014 年、2017 年、2020 年均出现了同比下降，分别下降 3.95%、11.36%、36.80%，整体波动较大，如图 8-40 所示。

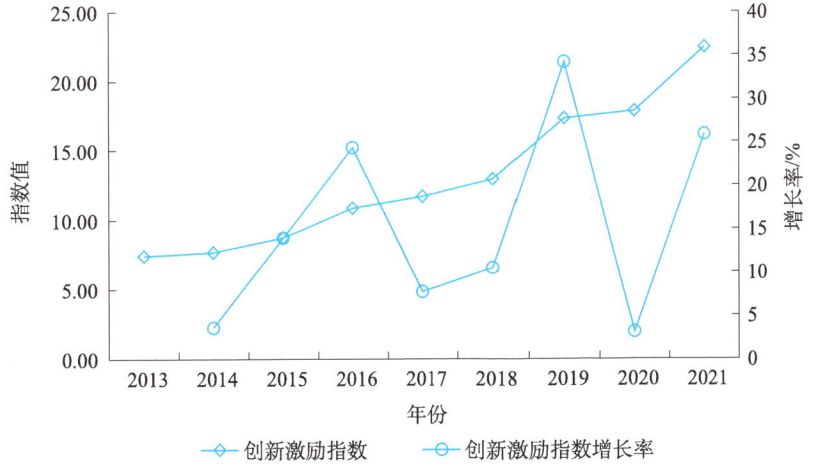

图 8-38　中国"医药制造业"创新激励指数及其增长率演进

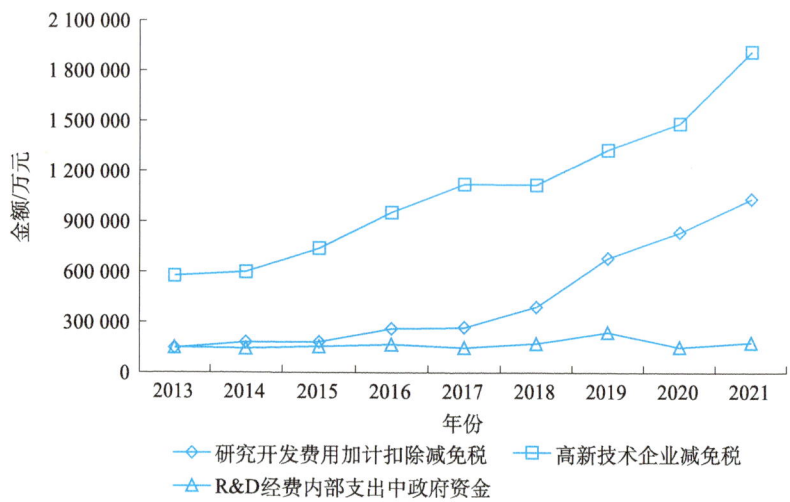

图 8-39   中国"医药制造业"创新激励指数具体指标演进

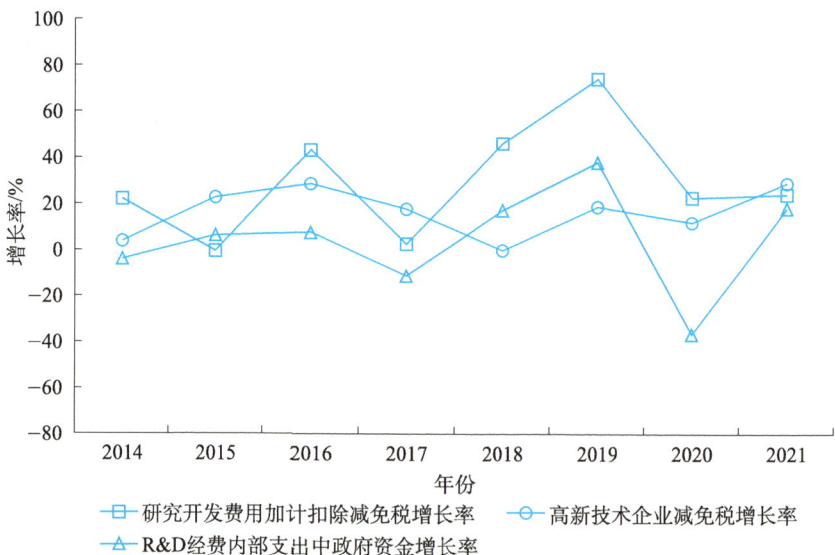

图 8-40   中国"医药制造业"创新激励指数具体指标增长率演进

第六节　仪器仪表制造业

一、创新能力指数演进

中国"仪器仪表制造业"创新能力呈现稳步上升态势。2013~2021 年，中国该行业创新能力指数由 12.80 提高到 18.18，年均增长 4.48%；创新实力指数由 3.34 提高到 5.08，年均增长 5.38%；创新效力指数由 22.26 提高到 31.28，年均增长 4.34%，如图 8-41 所示。2021 年，该行业 R&D 人员全时当量为 47 337 人年，R&D 经费内部支出达到 172.55 亿元，发明专利申请量为 7189 件，新产品销售收入为 1894.49 亿元。

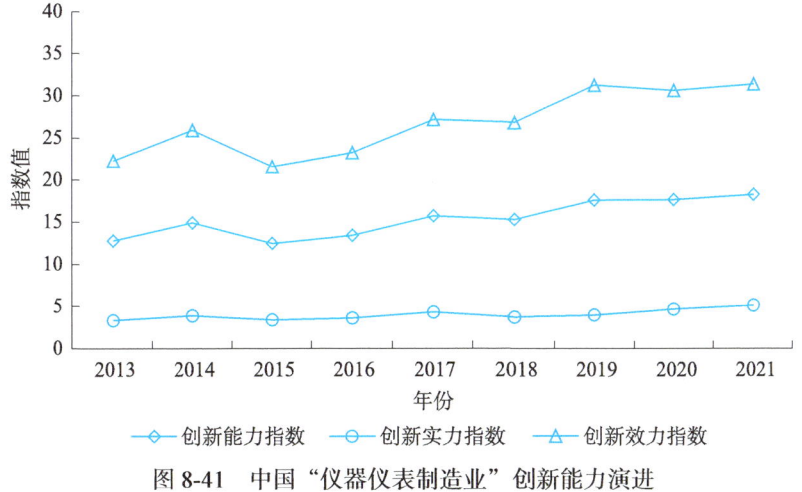

图 8-41　中国"仪器仪表制造业"创新能力演进

2013~2021 年，中国"仪器仪表制造业"创新实力指数缓慢上升，这主要得益于该行业创新产出实力指数、创新影响实力指数的提升，其年均增速分别为 6.78%、7.26%。与之相比，创新投入实力指数、创新条件实力指数上升幅度较小，年均增速分别为 2.37%、4.96%，如图 8-42 所示。在创新投入实力方面，2021 年，R&D 人员全时当量、R&D 经费内部支出分别是 2013 年的 1.02 倍、1.81 倍。在创新条件实力方面，2013~2021 年，企业办研发机构数由 586 个增加到 660 个，发明专利拥有量由 5138 件增加到 17 736 件，企业办研发机构人员数由 43 204 人增加到 61 595 人。在创新产出实力方面，2013~2021 年，发明专利申请量由 3422 件增加到 7189 件，实用新型和外观设计专利申请量由 6728 件增加到 10 057 件。在创新影响实力方面，2021 年，利润总额达到 581.85 亿元，新产品销售收入达到 1894.49 亿元，分别是 2013 年的 1.45 倍、1.77 倍。

值得关注的是，2013~2021 年，中国"仪器仪表制造业"在技术消化吸收上的投入不足，消化吸收经费由 0.79 亿元下降至 0.55 亿元。此外，该行业专利价值波动较大，有待稳定提升，专利所有权转让及许可收入在 2013 年为 12.49 万元，2014 年猛增至 811 万元，2015 年下降至 9 万元，2017 年再次上升至 662 万元。

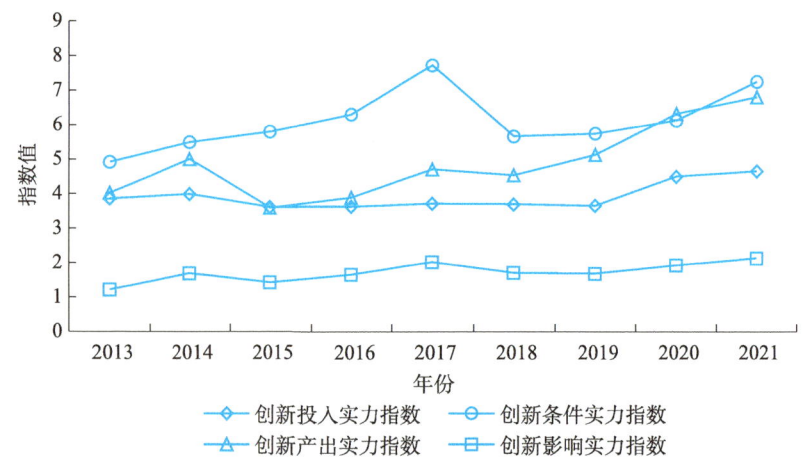

图 8-42　中国"仪器仪表制造业"创新实力演进

2013~2021 年，中国"仪器仪表制造业"创新效力指数整体呈现稳定上升态势，这主要得益于创新条件效力指数的提升，其年均增速为 11.98%。与之相比，2013～2021 年，该行业创新投入效力指数、创新产出效力指数、创新影响效力指数增长缓慢，年均增速分别为 5.01%、3.88%、3.77%，如图 8-43 所示。在创新投入效力方面，2021 年，R&D 人员全时当量占从业人员比例达到 9.91%，R&D 经费内部支出占主营业务收入比例达到 3.52%，有 R&D 活动的企业占全部企业比例达到 79.28%，消化吸收经费与技术引进经费比例达到 29.31%，分别是 2013 年的 1.42 倍、1.56 倍、1.35 倍、1.32 倍。在创新条件效力方面，2013～2021 年，企均有效发明专利数由 6.15 件增加到 24.50 件，设立研发机构的企业占全部企业的比例由 48.74% 增加到 61.46%。在创新产出效力方面，2013～2021 年，每万名 R&D 人员全时当量发明专利申请量由 734.98 件增加到 1518.69 件，每亿元 R&D 经费发明专利申请量由 35.87 件增加到 41.66 件，每万名 R&D 人员全时当量实用新型和外观设计专利申请量由 1445.05 件增加到 2124.55 件。在创新影响效力方面，2021 年，单位能耗对应的利润总额达到 20 063.79 万元 / 万吨标准煤，单位从业人员利润达到 12.18 万元 / 人，新产品开发支出与新产品销售收入比例达到 12.10%，新产品销售收入占主营业务收入比例达到 38.67%，分别是 2013 年的 2.03 倍、0.91 倍、1.14 倍、1.53 倍。

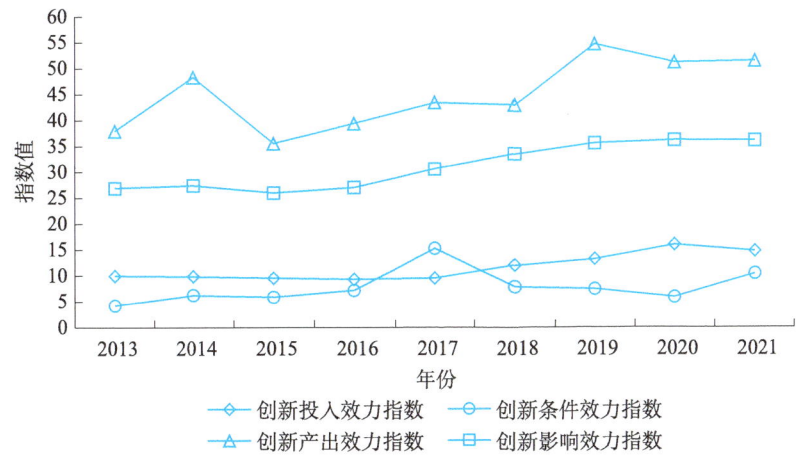

图 8-43　中国"仪器仪表制造业"创新效力演进

值得注意的是，2013～2021 年，中国"仪器仪表制造业"部分创新效力指标呈现下降态势。其主要原因有两个方面。一是部分创新效力指标下降，每亿元 R&D 经费实用新型和外观设计专利申请量从 2013 年的 70.52 件下降至 2021 年的 58.28 件，新产品出口与新产品销售收入比例从 2013 年的 15.84% 下降至 2021 年的 14.39%。二是部分创新效力指标波动明显。消化吸收经费与技术引进经费比例从 2013 年的 22.17% 上升至 2018 年的 71.32%，随后又下降至 2021 年的 29.31%；每万名 R&D 人员全时当量专利所有权转让及许可收入从 2013 年的 2.68 万元上升至 2018 年的 173.90 万元，随后又下降至 2021 年的 139.85 万元。

　　与国际领先企业相比，中国"仪器仪表制造业"的创新实力和创新效力尚存在一定差距。在创新实力方面，从 2021 年 R&D 经费内部支出来看，赛默飞世尔科技公司、德州仪器公司分别为 82.81 亿元、121.46 亿元，中国"仪器仪表制造业"为 172.56 亿元，低于赛默飞世尔科技公司和德州仪器公司两家企业之和。从发明专利申请量来看，六棱镜专利数据库显示，赛默飞世尔科技公司、德州仪器公司在 2021 年的发明专利申请量分别为 30 878 件、8091 件，而 2021 年中国"仪器仪表制造业"整个行业的发明专利申请量为 7189 件，远低于赛默飞世尔科技公司和德州仪器公司两家企业之和。

　　在创新效力方面，从 R&D 经费内部支出占主营业务收入比例、单位从业人员利润两个指标来看，中国"仪器仪表制造业"与国际领先企业相比仍处于较低水平。2021 年，赛默飞世尔科技公司、德州仪器公司的 R&D 经费内部支出占主营业务收入比例分别为 3.59%、8.47%，均高于中国"仪器仪表制造业"的 3.52%。就单位从业人员利润来看，2021 年，赛默飞世尔科技公司、德州仪器公司的单位从业人员利润分别为 54.11 万元 / 人、189.83 万元 / 人，均显著高于中国"仪器仪表制造业"的 12.18 万元 / 人[①]。

① 资料来源：企业年报、《财富》中文网及其他公开资料。汇率根据中国人民银行 2021 年 12 月公布的数据折算。

二、创新发展指数演进

中国"仪器仪表制造业"创新发展指数呈现大幅上升态势。2013～2021 年，该行业创新发展指数由 24.91 提高到 45.31，年均增速达到 7.76%。其中，2019 年创新发展指数较为明显，同比增长 19.85%，如图 8-44 所示。

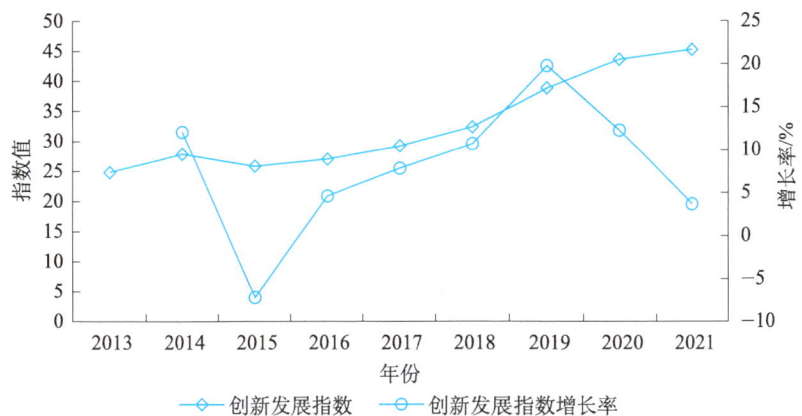

图 8-44 中国"仪器仪表制造业"创新发展指数及其增长率演进

2013～2021 年，中国"仪器仪表制造业"创新发展指数上升速度较快，主要得益于科技发展指数和环境发展指数的大幅提升，年均增速分别为 6.26%、17.02%。与之相比，经济发展指数上升幅度略小，年均增速为 0.15%，如图 8-45 所示。在科技发展方面，2021 年，单位主营业务收入发明专利申请数、单位主营业务收入实用新型和外观设计专利申请数和企业办研发机构人员数对应的有效发明专利数分别是 2013 年的 1.81 倍、1.29 倍、2.42 倍。在经济发展方面，2013～2021 年，利润总额与主营业务收入比例由 9.46% 上升到 11.88%，单位从业人员主营业务收入从 63.48 万元/人增加到 102.52 万元/人，新产品（仅国际市场新的产品）销售收入占主营业务收入的比重由 2.20% 上升至 2.36%。在环境发展方面，2021 年，单位能耗对应的利润总额、单位氨氮排放量对应的利润总额、单位二氧化硫排放量对应的利润总额分别为 2013 年的 1.65 倍、11.05 倍、191.06 倍。其中，单位二氧化硫排放量对应的利润总额实现突破性增长，从 2013 年的 6090.85 万元 / 吨增长至 1 163 700 万元 / 吨，年均增速为 92.82%。

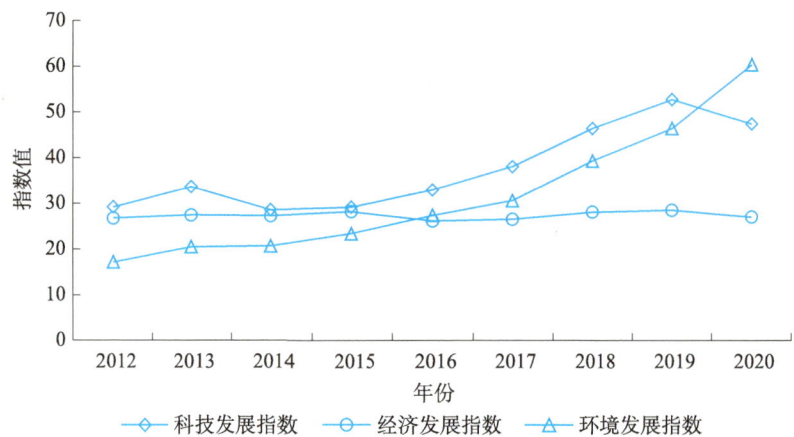

图 8-45　中国"仪器仪表制造业"创新发展指数具体指标演进

值得关注的是，2013～2021 年，中国"仪器仪表制造业"部分创新发展指数相关指标呈现波动下降趋势。在科技发展指数的相关指标中，2013～2021 年，企业办研发机构人员数中博士占比从 2013 年的 1.25% 下降至 2016 年的 0.98%，随后小幅上升至 2021 年的 1.10%。在经济发展指数的相关指标中，在实现产品创新企业中有国际市场新产品的企业占比下降趋势明显，由 2013 年的 24.5% 上升至 2016 年的 26.9% 后，逐年下降至 2021 年的 18.42%。

三、创新激励指数演进

2013～2021 年，中国"仪器仪表制造业"创新激励指数增速较快，由 2.65 上升至 5.17，年均增速为 8.71%。其中，2015 年创新激励指数增长较为明显，同比增长 32.49%，如图 8-46 所示。2013～2021 年，研究开发费用加计扣除减免税由 90 019 万元上升至 278 508 万元，高新技术企业减免税由 134 665 万元上升至 288 148 万元，R&D 经费内部支出中政府资金由 69 646 万元上升至 85 920.7 万元。2021 年的上述三个指标分别是 2013 年的 3.09 倍、2.14 倍和 1.23 倍，如图 8-47 所示。具体而言，研究开发费用加计扣除减免税在 2019 年、2021 年增长较为迅速，同比增长 39.27%、33.65%；高新技术企业减免税在 2017 年、2020 年增长较为迅速，同比增长 20.07%、22.60%；R&D 经费内部支出中政府资金在 2015 年、2018 年增长较为迅速，同比增长 49.12%、44.63%，如图 8-48 所示。

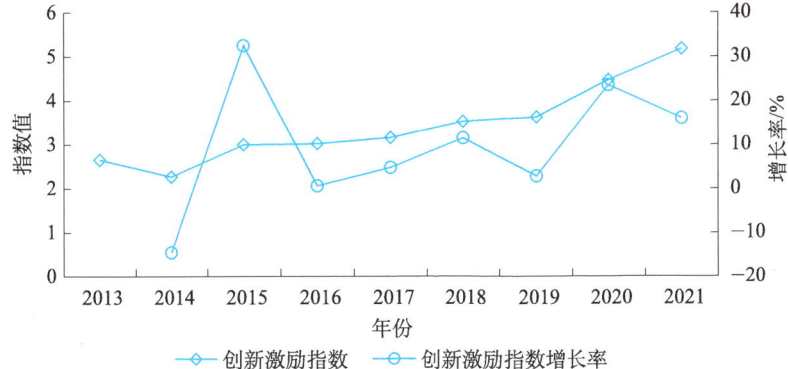

图 8-46　中国"仪器仪表制造业"创新激励指数及其增长率演进

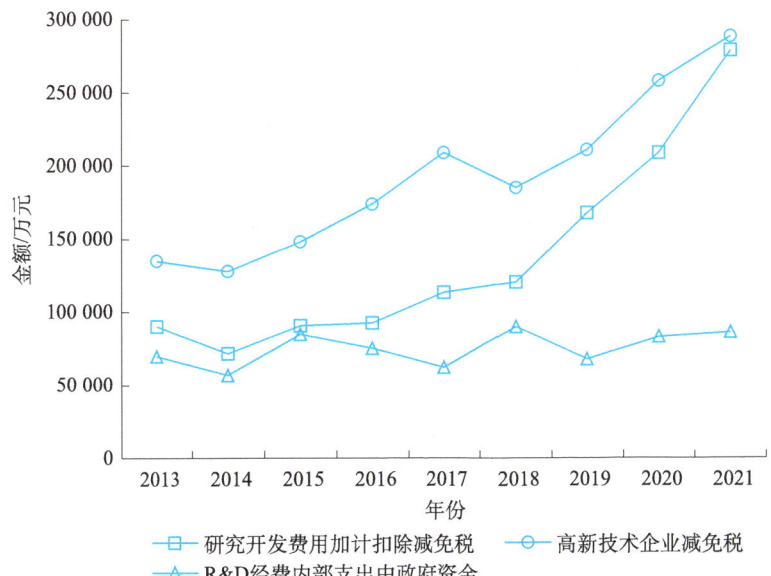

图 8-47　中国"仪器仪表制造业"创新激励指数具体指标演进

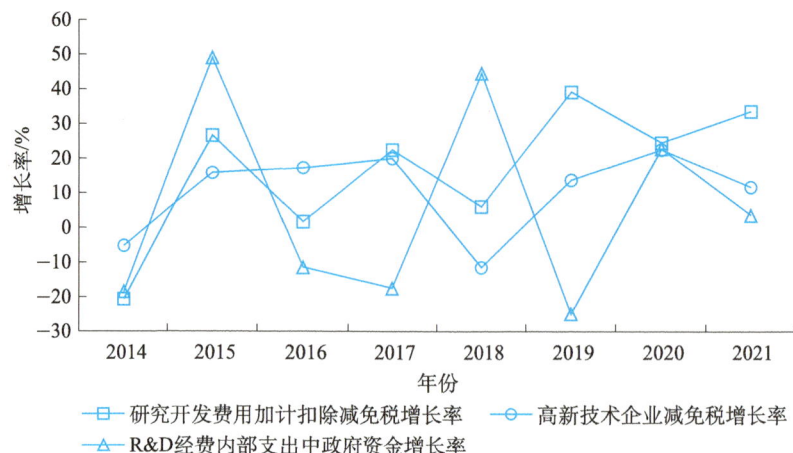

图 8-48　中国"仪器仪表制造业"创新激励指数具体指标增长率演进

第七节　通用设备制造业

一、创新能力指数演进

中国"通用设备制造业"创新能力呈现上升态势。2013～2021 年，中国该行业创新能力指数由 12.76 提高到 18.01，年均增长 4.40%；创新实力指数由 11.37 提高到 15.64，年均增长 4.07%；创新效力指数由 14.15 提高到 20.37，年均增长 4.66%，如图 8-49 所示。2021 年，该行业 R&D 人员全时当量为 139 236 人年，R&D 经费内部支出达到 627.37 亿元，发明专利申请量为 15 779 件，新产品销售收入为 10 450.37 亿元。

2013～2021 年，中国"通用设备制造业"创新实力指数呈现缓慢上升趋势，这主要得益于创新条件实力指数、创新产出实力指数、创新影响实力指数的提升，其年均增速分别为 3.43%、7.55%、4.12%。与之相比，创新投入实力指数上升幅度略小且有所波动，年均增速为

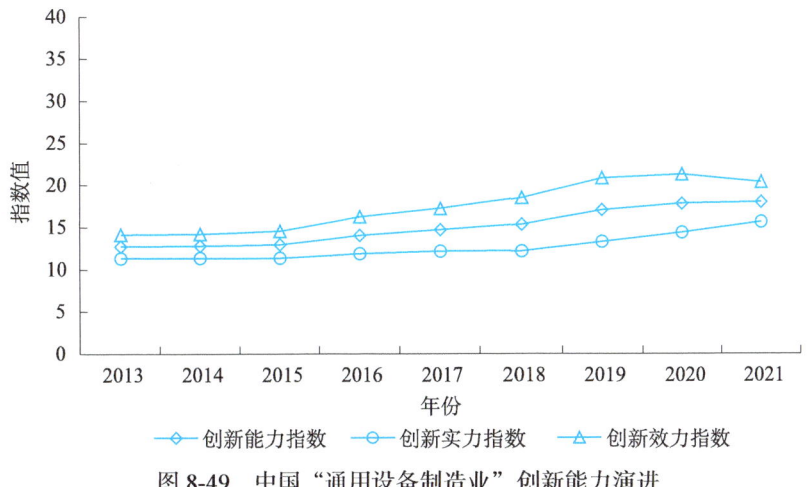

图 8-49　中国"通用设备制造业"创新能力演进

0.36%，从 2013 年的 14.87 下降至 2017 年的 12.27，随后又稳步上升至 2021 年的 15.30，如图 8-50 所示。在创新投入实力方面，2021 年的 R&D 人员全时当量、R&D 经费内部支出分别是 2013 年的 1.02 倍、1.60 倍。在创新条件实力方面，2013～2021 年，企业办研发机构仪器和设备原价由 218.03 亿元增加到 473.81 亿元，发明专利拥有量从 12 997 件增加到 52 127 件。在创新产出实力方面，2013～2021 年，发明专利申请量由 7211 件增加到 15 779 件，实用新型和外观设计专利申请

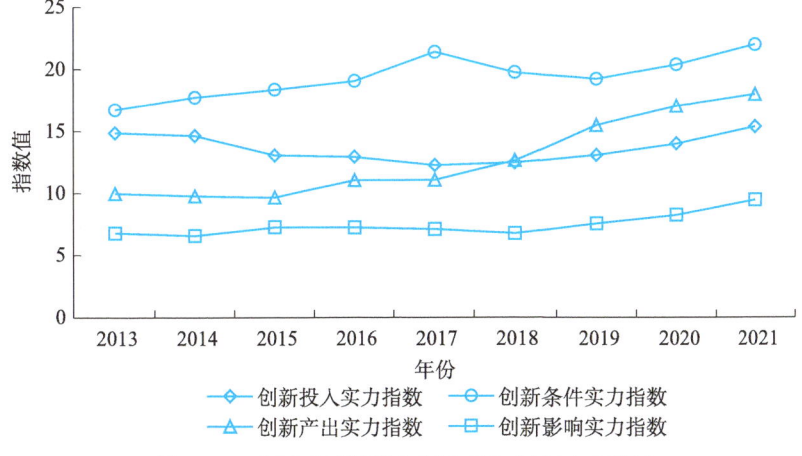

图 8-50　中国"通用设备制造业"创新实力演进

量由 17 694 件增加到 29 050 件。在创新影响实力方面，2021 年，利润总额达到 2026.21 亿元，新产品出口达到 1541.14 亿元，新产品销售收入达到 10 450.37 亿元，分别是 2013 年的 1.22 倍、2.06 倍、1.77 倍。

值得关注的是，2013～2021 年，中国"通用设备制造业"在技术吸收上投入不足，消化吸收经费由 12.77 亿元下降至 2.25 亿元。此外，该行业专利价值有待稳定提升，2013～2021 年，专利所有权转让及许可收入呈现下降态势，由 3312 万元下降至 2377 万元。

2013～2021 年，中国"通用设备制造业"创新效力指数整体呈现稳定上升态势，这主要得益于该行业创新投入效力指数、创新条件效力指数、创新产出效力指数的提升，其年均增速分别为 3.54%、10.33%、6.45%；与之相比，创新影响效力指数增长缓慢，年均增速为 0.46%，如图 8-51 所示。在创新投入效力方面，2021 年，R&D 人员全时当量占从业人员比例达到 7.12%，R&D 经费内部支出占主营业务收入比例达到 2.44%，有 R&D 活动的企业占全部企业比例达到 75.88%，分别是 2013 年的 1.35 倍、1.40 倍、1.51 倍。在创新条件效力方面，2013～2021 年，单位企业办研发机构数对应的企业办研发机构仪器和设备原价由 1148.72 万元／个增加到 2419.86 万元／个，单位企业办研发机构人员数对应的企业办研发机构仪器和设备原价由 15.95 万元／人增加到 30.57 万元／人，企均有效发明专利数由 3.98 件增加到 20.35 件，设立研发机构的企业占全部企业的比例由 42.78% 增加到 54.61%。在创新产出效力方面，2013～2021 年，每万名 R&D 人员全时当量发明专利申请量由 527.85 件增加到 1133.26 件，每亿元 R&D 经费发明专利申请量由 18.36 件增加到 25.15 件，每万名 R&D 人员全时当量实用新型和外观设计专利申请量由 1295.22 件增加到 2086.39 件，每亿元 R&D 经费实用新型和外观设计专利申请量由 45.06 件增加到 46.30 件。在创新影响效力方面，2021 年单位能耗对应的利润总额达到 4663.31 万元／万吨标准煤，单位从业人员利润达到 10.36 万元／人，新产品销售收入占主营业务收入比例达到 40.58%，分别是 2013 年的 1.00 倍、1.61 倍、1.55 倍。

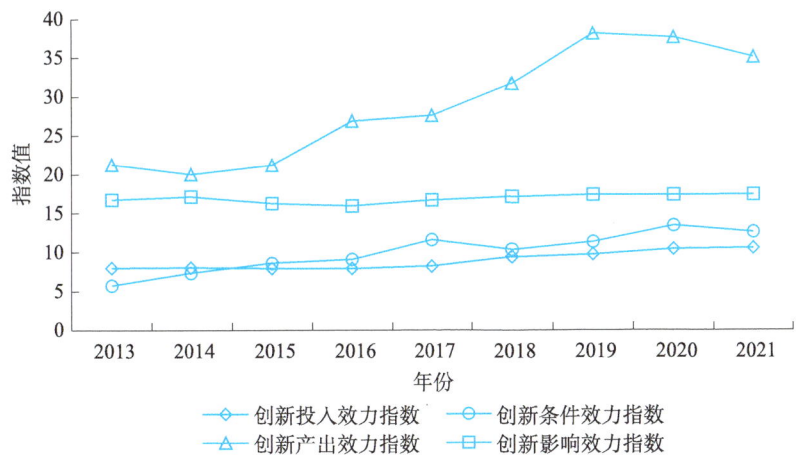

图 8-51　中国"通用设备制造业"创新效力演进

值得注意的是，2013～2021 年，中国"通用设备制造业"部分创新效力指标呈现下降态势。其主要原因有以下几方面：一是该行业对技术消化吸收重视不足。2013～2021 年，消化吸收经费与技术引进经费比例由 54.78% 下降至 17.43%。二是该行业对新产品开发投入不够。2013～2021 年，新产品开发支出与新产品销售收入比例由 7.91% 下降至 7.25%。三是专利所有权转让及许可收入相关的创新影响效力指标下降明显。2013～2021 年，每万名 R&D 人员全时当量专利所有权转让及许可收入由 242.44 万元下降至 170.72 万元。

与国际领先企业相比，中国"通用设备制造业"的创新实力和创新效力均有待进一步提高。在创新实力方面，从 R&D 经费内部支出来看，通用动力公司、西门子股份公司、三菱电机股份有限公司在 2021 年的 R&D 经费内部支出分别达到了 226.76 亿元、322.87 亿元、130.45 亿元，而 2021 年中国"通用设备制造业"整个行业的 R&D 经费内部支出为 627.37 亿元，低于通用动力公司、西门子股份公司、三菱电机股份有限公司之和。从发明专利申请量来看，六棱镜专利数据库显示，通用动力公司、西门子股份公司和三菱电机股份有限公司在 2021 年的发明专利申请量分别为 22 049 件、10 155 件、3941 件，而 2021 年中国"通用设备制造业"整个行业的发明专利申请量为 15 779 件，远低于通用动力公司、西门子股份公司、三菱电机股份有限公司之和。

在创新效力方面，从 R&D 经费内部支出占主营业务收入比例、单位从业人员利润两个指标来看，中国"通用设备制造业"与国际领先企业相比仍处于较低水平。2021 年，西门子股份公司、三菱电机股份有限公司的 R&D 经费内部支出占主营业务收入比例分别为 7.78%、4.36%，均高于中国"通用设备制造业"的 2.44%。就单位从业人员利润来看，西门子股份公司、三菱电机股份有限公司的单位从业人员利润分别为 22.52 万元 / 人、11.02 万元 / 人，均高于中国"通用设备制造业"的 10.36 万元 / 人 [①]。

二、创新发展指数演进

中国"通用设备制造业"创新发展指数呈现上升态势。2013～2021 年，中国该行业创新发展指数由 17.59 提高到 23.19，年均增速达 3.52%。其中，2016 年、2019 年、2020 年创新发展指数增长较为明显，分别同比增长 11.18%、5.87%、6.14%，如图 8-52 所示。

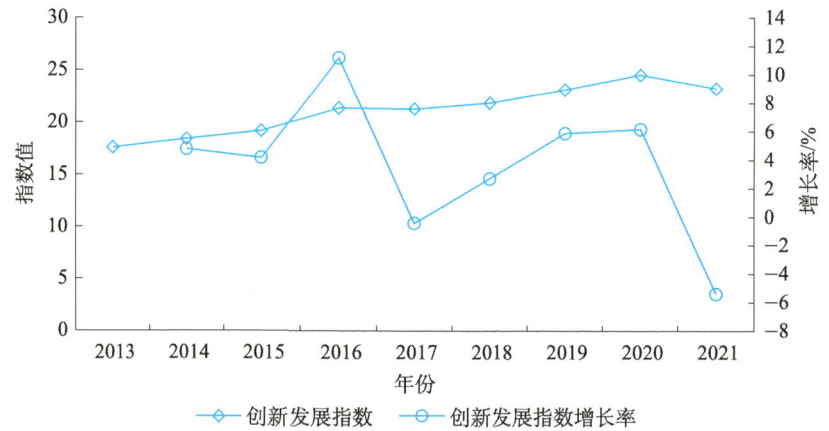

图 8-52　中国"通用设备制造业"创新发展指数及其增长率演进

---

① 资料来源：企业年报、《财富》中文网及其他公开资料。汇率根据中国人民银行 2021 年 12 月公布的数据折算。

　　2013～2021 年，中国"通用设备制造业"创新发展指数上升速度较快，主要得益于科技发展指数的大幅提升，年均增速为 8.18%。与之相比，经济发展指数和环境发展指数上升幅度略小，年均增速分别为 1.20%、4.64%，如图 8-53 所示。在科技发展方面，2021 年，单位主营业务收入发明专利申请数、单位主营业务收入实用新型和外观设计专利申请数、企业办研发机构人员数对应的有效发明专利数分别是 2013 年的 1.92 倍、1.44 倍、3.54 倍。在经济发展方面，2013～2021 年，利润总额与主营业务收入比例由 7.36% 上升到 7.87%，单位从业人员主营业务收入由 87.59 万元 / 人增加到 131.73 万元 / 人，新产品（仅国际市场新的产品）销售收入占主营业务收入的比重由 1.6% 上升到 3.9%。在环境发展方面，2021 年，单位能耗对应的利润总额、单位氨氮排放量对应的利润总额、单位二氧化硫排放量对应的利润总额分别为 2013 年的 1.00 倍、5.44 倍、61.46 倍。其中，单位二氧化硫排放量对应的利润总额实现突破性增长，从 2013 年的 1194.49 万元 / 吨增长至 73 413.41 万元 / 吨，年均增速为 67.33%。

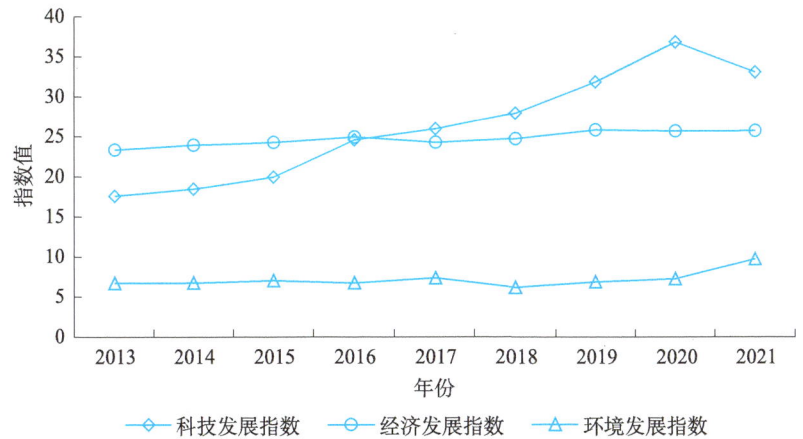

图 8-53　中国"通用设备制造业"创新发展指数具体指标演进

　　值得注意的是，2013～2021 年，中国"通用设备制造业"部分创新发展指数相关指标出现波动。在科技发展指数的相关指标中，2013～2021 年，企业办研发机构人员数中博士占比由 1.07% 下降至

0.82%。在经济发展指数的相关指标中，在实现产品创新企业中有国际市场新产品的企业占比整体呈现下降趋势，由 2013 年的 22.8% 上升至 2016 年的 24.4% 后，逐年下降至 2021 年的 18.33%。

三、创新激励指数演进

中国"通用设备制造业"创新激励指数有所提升。2013～2021 年，该行业创新激励指数由 8.55 上升至 14.70，年均增速为 7.00%。其中，2019 年、2021 年创新激励指数增长较为明显，同比增长 18.40%、20.25%，如图 8-54 所示。2013～2021 年，研究开发费用加计扣除减免税由 197 909.00 万元上升至 730 510.40 万元，高新技术企业减免税由 505 947.00 万元上升至 1 038 453.60 万元，R&D 经费内部支出中政府资金由 230 714 万元下降至 181 633.2 万元。2021 年的上述指标分别是 2013 年的 3.69 倍、2.05 倍、0.79 倍，如图 8-55 所示。具体而言，研究开发费用加计扣除减免税在 2018 年、2019 年增长较为迅速，同比增长分别为 53.83%、67.46%，高新技术企业减免税在 2018 年、2021 年增长较为迅速，同比增长分别为 16.16%、21.46%，R&D 经费内部支出中政府资金整体呈现下降趋势，仅在 2021 年同比增长 23.70%，如图 8-56 所示。

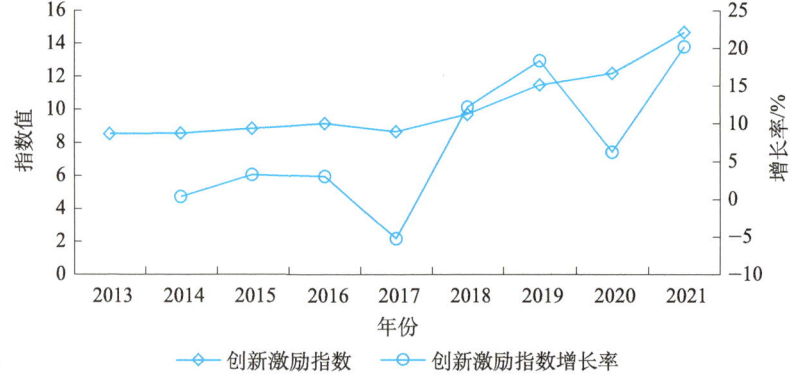

图 8-54　中国"通用设备制造业"创新激励指数及其增长率演进

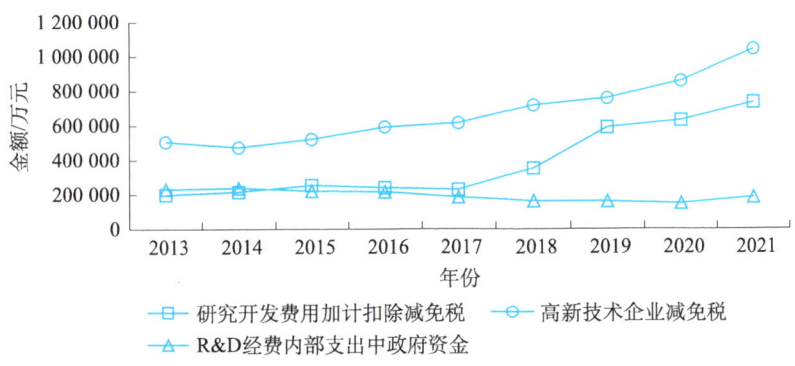

图 8-55 中国"通用设备制造业"创新激励指数具体指标演进

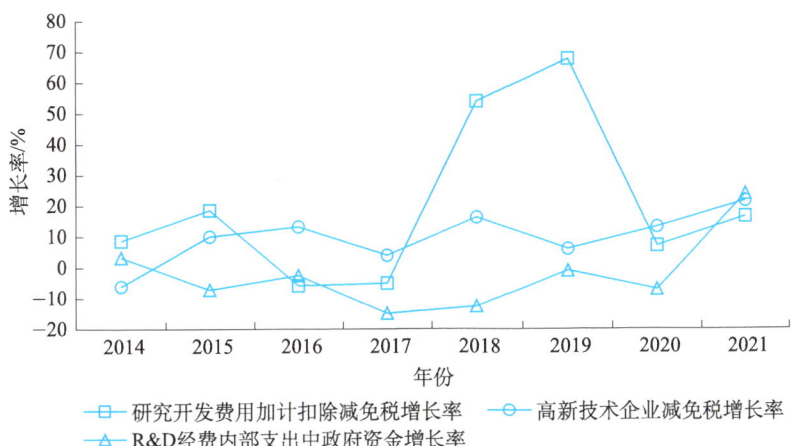

图 8-56 中国"通用设备制造业"创新激励指数具体指标增长率演进

第八节 铁路、船舶、航空航天和其他运输设备制造业

一、创新能力指数演进

中国"铁路、船舶、航空航天和其他运输设备制造业"创新能力

呈现上升态势。2013～2021 年，中国该行业创新能力指数由 11.13 提高到 17.76，年均增长 6.01%；创新实力指数由 6.91 提高到 12.29，年均增长 7.47%；创新效力指数由 15.36 提高到 23.23，年均增长 5.30%，如图 8-57 所示。2021 年，该行业 R&D 人员全时当量为 86 017 人年，R&D 经费内部支出达到 5 156 619 亿元，发明专利申请量为 12 259 件，新产品销售收入为 65 666 111 亿元。

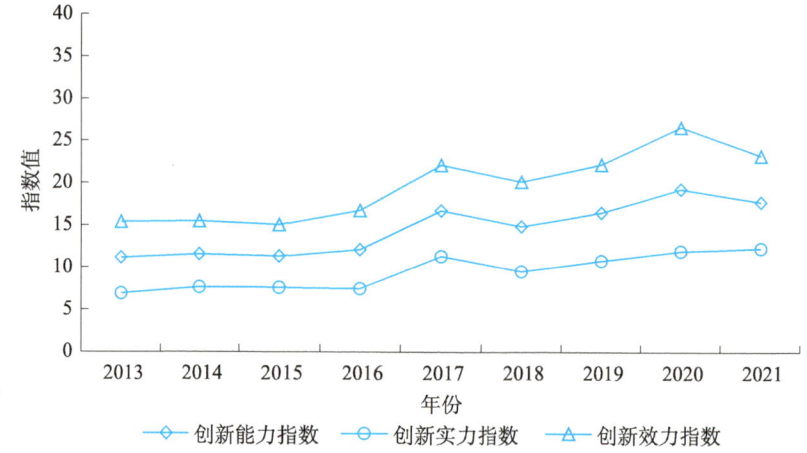

图 8-57　中国"铁路、船舶、航空航天和其他运输设备制造业"创新能力演进

2013～2021 年，中国"铁路、船舶、航空航天和其他运输设备制造业"创新实力指数稳步上升，这主要得益于创新条件实力指数、创新产出实力指数、创新影响实力指数的提升，其年均增速分别为 6.26%、5.17%、15.15%。与之相比，创新投入实力指数上升幅度略小，年均增速为 0.81%，如图 8-58 所示。在创新投入实力方面，2021 年的 R&D 经费内部支出由 2013 年的 364.66 亿元上升至 2021 年的 515.66 亿元，年均增速为 5.09%。在创新条件实力方面，2013～2021 年，企业办研发机构仪器和设备原价由 147.79 亿元增加到 364.39 亿元，发明专利拥有量从 7723 件增加到 36 435 件。在创新产出实力方面，2013～2021 年，发明专利申请量由 4918 件增加到 12 259 件，实用新型和外观设计专利申请量由 10 766 件增加到 11 674 件。在创新影响实

力方面，2021 年中国"铁路、船舶、航空航天和其他运输设备制造业"专利所有权转让及许可收入达到 30 111 万元，新产品出口达到 1126.99 亿元，新产品销售收入达到 6 566.61 亿元，分别是 2013 年的 6.65 倍、1.17 倍、1.46 倍。

值得关注的是，2013～2021 年，中国"铁路、船舶、航空航天和其他运输设备制造业"的创新投入实力部分指标呈现下降趋势。R&D 人员全时当量由 95 600 人年下降至 86 017 人年；技术吸收投入不足，消化吸收经费由 2013 年的 2.98 亿元大幅下降至 2021 年的 0.47 亿元。在创新影响实力指数的相关指标中，该行业利润总额呈现起伏态势，由 2013 年的 675.98 亿元上升至 2016 年的峰值 884.22 亿元，后回落至 2021 年的 518.64 亿元。

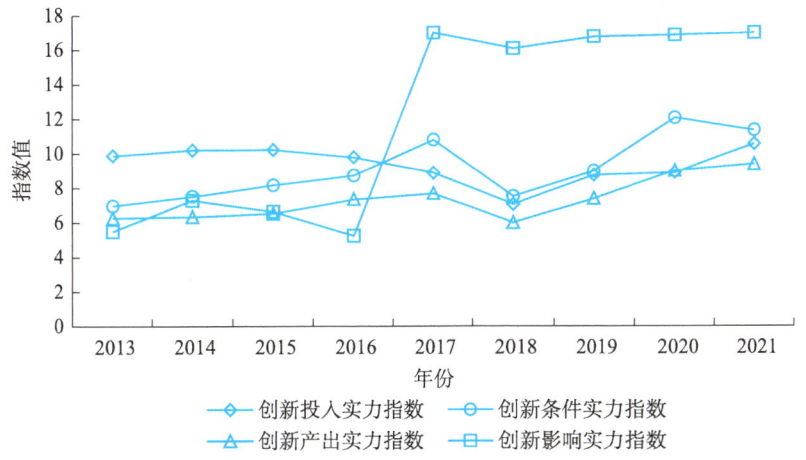

图 8-58 中国"铁路、船舶、航空航天和其他运输设备制造业"创新实力演进

2013～2021 年，中国"铁路、船舶、航空航天和其他运输设备制造业"创新效力整体呈现稳定上升态势，这主要得益于该行业创新投入效力指数、创新条件效力指数、创新产出效力指数的提升，其年均增速分别为 3.41%、12.06%、8.92%。与之相比，创新影响效力指数增长缓慢，年均增速为 0.02%，如图 8-59 所示。在创新投入效力方面，2021 年，R&D 人员全时当量占从业人员比例达到 8.42%，R&D 经费

内部支出占主营业务收入比例达到 4.14%，有 R&D 活动的企业占全部企业比例达到 77.59%，分别是 2013 年的 1.26 倍、1.38 倍、1.62 倍。在创新条件效力方面，2013～2021 年，单位企业办研发机构数对应的企业办研发机构仪器和设备原价由 2446.87 万元 / 个增加到 5125.08 万元 / 个，单位企业办研发机构人员数对应的企业办研发机构仪器和设备原价由 18.16 万元 / 人增加到 40.02 万元 / 人，企均有效发明专利数由 6.94 件增加到 41.45 件，设立研发机构的企业占全部企业的比例由 41.78% 增加到 55.97%。在创新产出效力方面，2013～2021 年，每万名 R&D 人员全时当量发明专利申请量由 514.44 件增加到 1425.18 件，每亿元 R&D 经费发明专利申请量由 14.19 件增加到 23.77 件，每万名 R&D 人员全时当量实用新型和外观设计专利申请量由 1126.15 件增加到 1357.17 件。在创新影响效力方面，单位从业人员利润达到 5.08 万元 / 人，新产品销售收入占主营业务收入比例达到 52.72%，每万名 R&D 人员全时当量专利所有权转让及许可收入达到 4546.89 万元，分别是 2013 年的 1.07 倍、1.35 倍、7.39 倍。

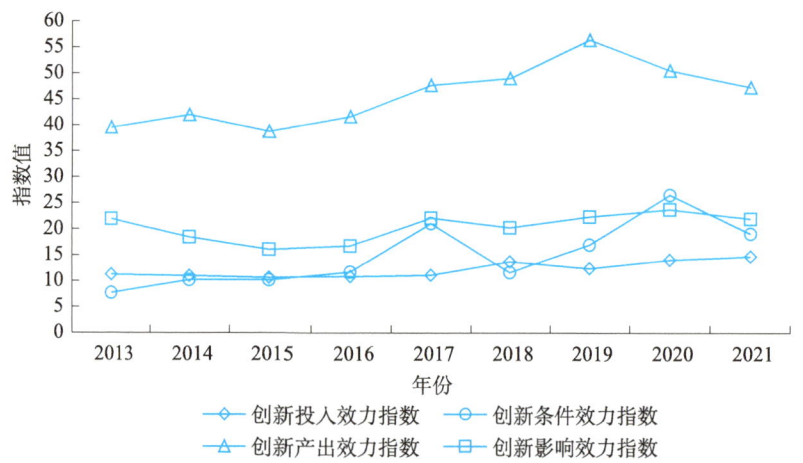

图 8-59　中国"铁路、船舶、航空航天和其他运输设备制造业"创新效力演进

值得注意的是，2013～2021 年，中国"铁路、船舶、航空航天和其他运输设备制造业"部分创新效力指标呈现下降态势。其主要

原因有以下几方面：一是该行业对技术消化吸收重视不足，消化吸收经费与技术引进经费比例从 2013 年的 32.59% 大幅下降至 2021 年的 6.87%；二是专利相关指标下降，每亿元 R&D 经费实用新型和外观设计专利申请量由 2013 年的 31.06 件下降至 2021 年的 22.64 件；三是单位能耗对应的利润总额由 2013 年的 6471.67 万元/万吨标准煤下降至 2021 年的 5668.20 万元/万吨标准煤；四是该行业对新产品开发投入不够，2013～2021 年新产品出口与新产品销售收入比例由 21.29% 下降至 17.16%，新产品开发支出与新产品销售收入比例由 9.00% 下降至 8.88%。

与国际领先企业相比，中国"铁路、船舶、航空航天和其他运输设备制造业"的创新实力尚可，有待进一步提升。在创新实力方面，从 R&D 经费内部支出来看，2021 年波音航空航天公司、空中客车集团、雷神技术公司的 R&D 经费内部支出分别达到了 150.32 亿元、212.15 亿元、171.79 亿元，中国"铁路、船舶、航空航天和其他运输设备制造业"整个行业的 R&D 经费内部支出为 515.66 亿元，略低于波音航空航天公司、空中客车集团和雷神技术公司之和。从发明专利申请量来看，六棱镜专利数据库显示，波音航空航天公司、空中客车集团、雷神技术公司在 2021 年的发明专利申请量分别为 2780 件、2207 件、934 件，2021 年中国"铁路、船舶、航空航天和其他运输设备制造业"整个行业的发明专利申请量为 12 259 件，三个公司的发明专利申请量总和占中国整个行业的近一半。

在创新效力方面，从 R&D 经费内部支出占主营业务收入比例、单位从业人员利润两个指标来看，中国"铁路、船舶、航空航天和其他运输设备制造业"与国际领先企业相比有所提升。2021 年，空中客车集团、雷神技术公司 R&D 经费内部支出占主营业务收入比例分别为 5.21%、4.24%，仅略高于中国"铁路、船舶、航空航天和其他运输设备制造业"的 4.14%。从单位从业人员利润来看，受新冠疫情的冲击，2021 年空中客车集团、雷神技术公司的利润总额均为负值，整体表现不佳，而 2021 年中国"铁路、船舶、航空航天和其他运输设备制造业"

的单位从业人员利润为 5.08 万元 / 人，低于 2020 年空中客车集团、雷神技术公司的 7.39 万元 / 人、14.89 万元 / 人 [①]。

二、创新发展指数演进

中国"铁路、船舶、航空航天和其他运输设备制造业"创新发展指数呈现上升态势。2013～2021 年，中国该行业创新发展指数由 17.12 提高到 29.07，年均增速达到 6.84%。其中 2014 年、2017 年创新发展指数增长较为明显，分别同比增长 8.13%、11.51%，如图 8-60 所示。

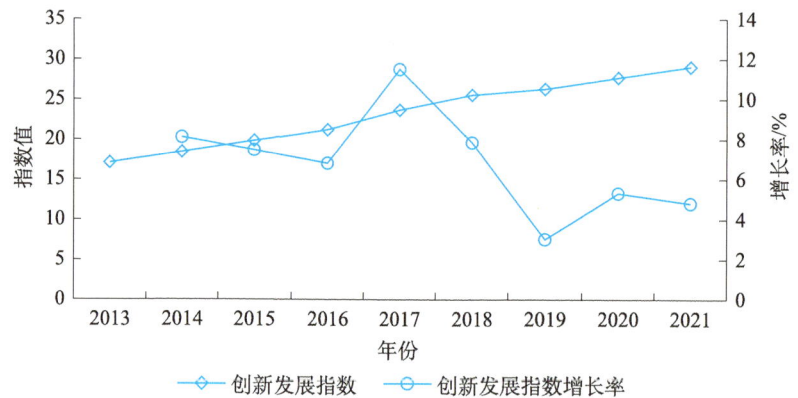

图 8-60　中国"铁路、船舶、航空航天和其他运输设备制造业"创新发展指数及其增长率演进

2013～2021 年，中国"铁路、船舶、航空航天和其他运输设备制造业"创新发展指数上升速度较快，这主要得益于科技发展指数的大幅提升。2021 年该行业的科技发展指数是 2013 年的 2.72 倍，年均增速为 13.32%。与之相比，经济发展指数、环境发展指数呈现下降态势，分别年均下降 0.24%、0.83%，如图 8-61 所示。在科技发展方面，2021 年的企业办研发机构人员数中博士占比、单位主营业务收入发明专利申请数、企业办研发机构人员数对应的有效发明专利数分别是 2013 年

[①] 资料来源：企业年报、《财富》中文网及其他公开资料。汇率根据中国人民银行 2021 年 12 月公布的数据折算。

的 1.84 倍、2.31 倍、4.22 倍。在经济发展方面，单位从业人员主营业务收入从 2013 年的 80.84 万元 / 人增加到 2021 年的 121.92 万元 / 人，新产品（仅国际市场新的产品）销售收入占主营业务收入的比重从 2013 年的 6% 上升到 2021 年的 7.20%。在环境发展方面，单位二氧化硫排放量对应的利润总额实现突破性增长，从 2013 年的 3093.72 万元 / 吨上升至 2021 年的 23 682.19 万元 / 吨，年均增速达 28.97%。

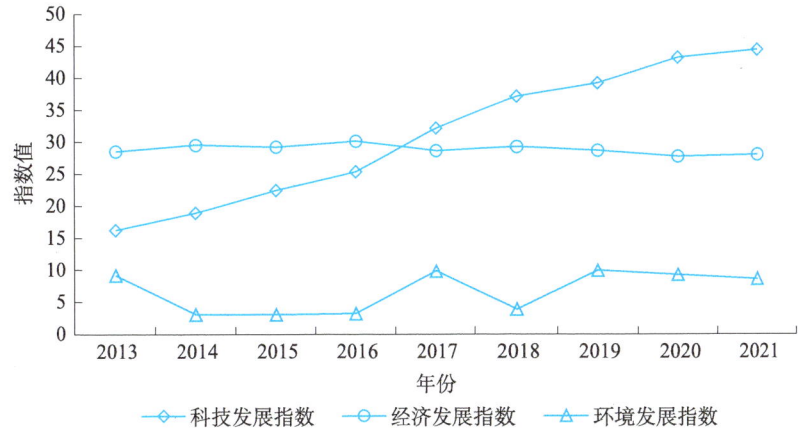

图 8-61　中国"铁路、船舶、航空航天和其他运输设备制造业"创新发展指数具体指标演进

值得注意的是，2013～2021 年，中国"铁路、船舶、航空航天和其他运输设备制造业"部分创新发展指标波动较大。在经济发展指数相关指标中，利润总额与主营业务收入比例从 2013 年的 5.87% 下降至 2021 年的 4.16%，在实现产品创新企业中有国际市场新产品的企业占比从 2013 年的 23.7% 下降至 2021 年的 21.22%。在环境发展指数的相关指标中，2013～2021 年，单位能耗对应的利润总额、单位氨氮排放量对应的利润总额呈现下降态势，2021 年仅为 2013 年的 0.88 倍、0.93倍。其中，单位能耗对应的利润总额从 2013 年的 6471.67 万元 / 万吨标准煤下降至 2021 年的 5668.20 万元 / 万吨标准煤；单位氨氮排放量对应的利润总额自 2013 年上升至 2019 年的峰值后回落。

三、创新激励指数演进

中国"铁路、船舶、航空航天和其他运输设备制造业"创新激励指数小幅波动上升，从 2013 年的 16.39 上升至 2021 年的 25.97，年均增速为 5.92%。其中，2019 年、2021 年创新激励指数增长较为明显，同比增长 27.48%、35.57%，如图 8-62 所示。2013～2021 年，研究开发费用加计扣除减免税由 182 784.00 万元上升至 378 233.80 万元，高新技术企业减免税由 238 874.00 万元上升至 343 986.20 万元，R&D 经费内部支出中政府资金由 798 087 万元上升至 1 243 729 万元。2021 年的上述指标分别是 2013 年的 2.07 倍、1.44 倍和 1.56 倍，如图 8-63 所示。具体而言，研究开发费用加计扣除减免税在 2016 年、2019 年增长较为迅速，分别同比增长 80.91%、46.46%，高新技术企业减免税在 2014 年、2015 年、2017 年增长较为迅速，分别同比增长 24.14%、27.64%、20.89%，R&D 经费内部支出中政府资金在 2019 年、2021 年增长较为迅速，分别同比增长 30.01%、48.36%，如图 8-64 所示。

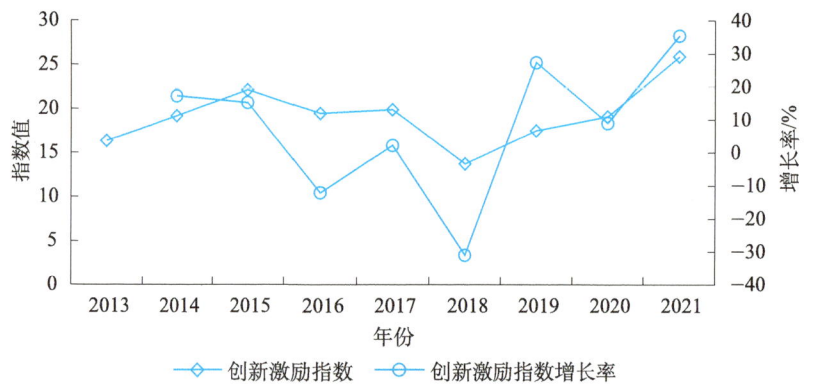

图 8-62　中国"铁路、船舶、航空航天和其他运输设备制造业"创新激励指数及其增长率演进

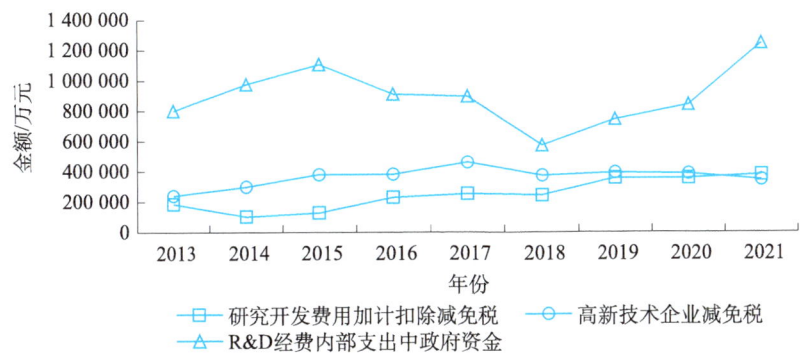

图 8-63　中国"铁路、船舶、航空航天和其他运输设备制造业"创新激励指数具体指标演进

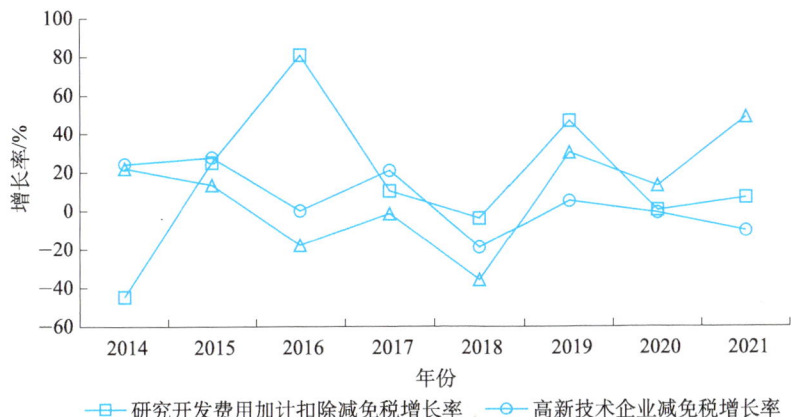

图 8-64　中国"铁路、船舶、航空航天和其他运输设备制造业"创新激励指数具体指标增长率演进